BIBLIOTHEQUE
UNIVERSELLE
DES DAMES.

Première Classe :

VOYAGES.

Il paroît tous les mois deux Volumes de cette Bibliothèque. On les délivre soit brochés, soit reliés en veau fauve ou écaillé, & dorés sur tranche, ainsi qu'avec ou sans le nom de chaque Souscripteur imprimé au frontispice de chaque Volume.

La souscription pour les 24 vol. reliés est de 72 liv., & de 54 liv. pour les volumes brochés.

Les Souscripteurs de Province, auxquels on ne peut les envoyer par la poste que brochés, payeront de plus 7 liv. 4 s. à cause des frais de poste.

Il faut s'adresser à M. CUCHET, Libraire, *rue & hôtel Serpente, à Paris.*

BIBLIOTHEQUE
UNIVERSELLE
DES DAMES.
VOYAGES.
TOME ONZIÈME.

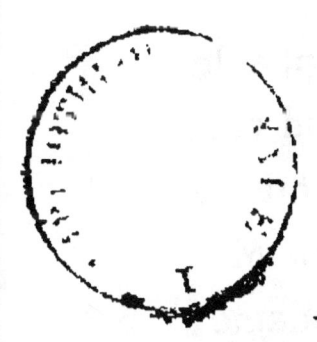

A PARIS,

Rue et Hôtel Serpente.

Avec Approbation & Privilège du Roi.

1789.

BIBLIOTHEQUE
UNIVERSELLE
DES DAMES.
VOYAGES.
LETTRE CXVI.

De Ramarranda-Pouram.

Entre le Maduré, le Golphe de Manar & le Tanjaour, s'étend vers le nord-est, le long de la côte de la Pêcherie, le petit État de Marawar, où je suis arrivé, Madame, après quelques jours d'une marche pénible. Ramarranda-Pouram, d'où je vous écris, est la ville capitale de cette souveraineté, qui avoit des rois particuliers, & qui n'eſt plus qu'une province des poſſeſſions Angloiſes. C'eſt ce changement de domination qui a rendu dangereuſe pour moi mon entrée dans le Marawar. L'inquiétude de nos ennemis naturels veille ſans ceſſe ſur les frontières. Je me ſuis donc vu contraint de me cacher à leur vigilance, & pour cet effet, je me ſuis retiré dans une chaumière. J'allois y prendre un peu de repos, lorſque ma petite habitation a été entourée par des Cipayes, ou ſoldats indiens, qui, à la ſolde des Anglois, ſont chargés de garder la frontière. Ils avoient été avertis par des payſans.

Je n'étois accompagné que de

deux domestiques noirs affidés; la résistance eût été vaine : je ne pouvois échapper, quand tout-à-coup, graces à ma barbe longue de six à sept pouces, j'entrevis la possibilité de me donner pour missionnaire. Je me hâte d'attacher mon turban d'une façon fort modeste; puis prenant en main un long chapelet Arabe, & plaçant un livre sous mon bras, je m'avance vers ces soldats. *Avez-vous ordre*, leur dis-je d'un ton honnête & ferme, *de troubler de pauvres religieux uniquement occupés du service de Dieu?* Mon ajustement, & sur-tout ma barbe, ne permettoit aucun doute sur la vérité de mes discours: en effet, entre les Européens, les seuls missionnaires ordinairement la laissent croître dans l'Inde. Ce chef me répondit avec beaucoup de douceur, *qu'il avoit reçu les ordres les plus précis, pour arrêter tous les étrangers; qu'il étoit convaincu que cela ne pouvoit regarder un pénitent; mais qu'il me commandoit de rester à son poste, où je serois respecté, jusqu'à ce qu'il eût rendu compte des faits.* En conséquence, j'ai demeuré huit jours en ce lieu, à la très-grande édification du pays, ne vivant que de légumes, encourageant à la vertu les chrétiens qui sont venus me visiter. Un récollet Italien domicilié à sept à huit lieues plus loin, averti de mon séjour & persuadé que j'avois l'honneur de lui appartenir, m'a député son catéchiste, pour me consulter & m'apporter des offres de service. En m'abordant, le jeune Italien s'est prosterné à mes pieds ; je l'ai relevé & serrant sa tête contre mon sein, je lui ai dit selon l'usage ; *mon fils, c'est aux pieds de l'éternel qu'il faut se prosterenr.* Je lui ai fait mille amitiés, l'ai édifié de mon mieux, après quoi je l'ai renvoyé pleinement convaincu qu'il avoit consolé un missionnaire prisonnier. Enfin l'exprès que le chef avoit envoyé à Ramarranda-Pouram revint portant des excuses pour le mal-entendu dont j'étois la victime, l'intention du gouvernement n'ayant jamais été de molester des missionnaires paisibles : & dès-lors je pus partir ; mais craignant quelque nouvelle méprise, j'obtins du chef du poste où j'étois, un soldat pour m'accompagner pendant deux journées. A l'aide de mon stratagême, j'ai conservé ma liberté & me suis rendu ici sans aucun danger. La prudence m'a conseillé encore de me présenter au commandant de la place, à qui je viens d'avouer avec ma franchise ordinaire le secret de mon déguisement forcé. Il n'a pu m'écouter sans sourire, m'a honoré de l'accueil le plus gracieux, & n'a fait aucune difficulté de me permettre tout le séjour que je voudrois faire, bien persuadé que le gouvernement doit voir sans inquiétude un homme qui ne voyage qu'en Philofophe curieux de s'inftruire.

Je ne profiterai pas long-tems de la permiffion de refter ici, une occafion favorable m'appelle ailleurs. Ainfi je ne pourrai vous entretenir que des objets les plus fenfibles aux yeux les moins exercés.

Les Marawois ne me font connus que depuis quelques jours, & j'ai reconnu fans peine que l'humeur de ce peuple eft portée à la joie & à la gaité. Il aime le jeu, la danfe, le fpectacle & la mufique. Nulle nation n'eft plus fobre ; du riz cuit à l'eau, des herbages, des légumes & quelques fruits ; voilà fa nourriture. Quelques caftes cependant mangent du poiffon & du

A iv

mouton, mais elles n'en font pas leur nourriture habituelle : ce n'est que dans les festins qu'on s'écarte de la loi générale, qui ordonne l'abstinence de tout ce qui a reçu vie. La seule tribu des Parias, réputée infâme, mange du bœuf, de la vache, ou du buffle ; c'est le plus grand des crimes, & quiconque s'en rend coupable est déchu de sa caste.

Les Marawois ont en horreur toute boisson forte capable d'enivrer. L'état honteux, où nous réduit l'ivresse, leur est en abomination! Leurs festins respirent la frugalité, la tempérance & la simplicité patriarchales. Du biscuit au lait saupoudré de sucre, des gâteaux cuits dans le beurre ou dans l'huile font pour eux des mets délicieux. Le plus souvent ils ne boivent que de l'eau pure, & s'ils veulent se régaler, ils savent exprimer du poivre, du tamarin & des oignons une liqueur innocente, qu'ils avalent à longs traits. Des feuilles d'arbres artistement cousues avec des brins d'herbe leur servent de plats & d'assiettes. Leur coutume est de manger en silence, couchés sur des nattes de palmier ou sur quelques morceaux de toile, en observant de ne pas toucher de leur salive les alimens qu'ils portent à la bouche : une semblable inattention produiroit une souillure qu'ils ont en horreur.

On retrouve la même simplicité

dans leurs habits. Le climat d'ailleurs la commande. Une pièce de toile leur ceint les reins & les couvre jusqu'aux genoux. Une autre pièce de sept à huit coudées de long entoure négligemment leur corps. Un linge aussi fin que de la mousseline enveloppe leur tête. Quelques-uns, les riches sur-tout, portent une longue robe à la moresque de toile blanche, qui se croise sur la poitrine. Une écharpe la retient & la serre sur les hanches. Cette parure qui est contre l'ancien usage, ne s'est introduite que depuis la conquête des *Mogols*; mais les Indiens naturels sont aisément distingués des conquérans; l'habillement de ceux-ci se croise sur la poitrine du côté droit, tandis que les robes de ceux-là s'y croisent du côté gauche.

La plûpart vont nûs pieds, on ne portent du moins que des sandales, & des pantoufles brodées en or & en argent, & terminées par une pointe longue & recourbée. Leurs oreilles font extrêmement alongées par les énormes boucles d'or dont ils les décorent. Ces boucles de forme ovale font ornées dans le milieu d'une perle ou d'un diamant. Quelquefois leur habillement est encore plus simple. Il n'est pas rare de voir des Indiens, dont tout le vêtement n'est qu'un morceau de toile qui sert à cacher le milieu du corps.

Je voudrois vous offrir un portrait féduifant de la beauté des Indiennes, mais il faudroit pour cela recourir à la fiction : ici les femmes font prefque toutes de petite taille ; elles font communément laides, malpropres, je pourrois ajouter dégoûtantes, excepté celles de quelques caftes, dont le vifage eft moins défagréable & qui ne font pas auffi ennemies de la propreté. La plûpart portent à chaque bras, de même qu'au-deffus de la cheville du pied, dix à douze anneaux d'or, d'argent, d'ivoire ou de corail, qui jouent fur la jambe & font quand elles marchent, un bruit qui plaît beaucoup à leurs oreilles. Les doigts des mains, &

des pieds font ordinairement garnis de groſſes bagues. Ajoutez à cette furcharge d'ornemens la paume de la main & la plante des pieds teintes en rouge, les yeux cernés d'un entourage de noir qu'elles y deſſinent pour les rendre plus vifs, les oreilles percées de pluſieurs trous, & ornées de joyaux, les narines même chargées de ces riches bagatelles, les cheveux luiſans d'huile de coco, la poitrine couverte de longs colliers, enfin le corps & le viſage jaunis de ſaffran, & vous aurez le tableau fidèle d'une beauté Indienne.

LETTRE CXVII.

De Karikal.

Du Marawar, où je n'ai fait que passer, j'arrive, Madame, dans le Tanjaour, autre petit État qui n'a que cent milles dans sa plus grande longueur & environ quatre-vingts milles dans sa plus grande largeur. C'est, dit-on, la province de la presqu'île occidentale qui abonde le plus en riz. Cette richesse naturelle, beaucoup de manufactures communes, une reproduction étonnante de racines propres à la teinture, font monter ses revenus publics à cinq millions de livres. Elle doit sa prospérité à l'avantage d'être arrosée par le Caveri, rivière qui prend sa source dans les montagnes que la nature a élevées entre le Maïssour & la côte de Malabar. Ses eaux après avoir parcouru un espace de plus de quatre cents milles, se divisent à l'entrée du Tanjaour en deux bras. Le plus oriental prend le nom de Colram, l'autre conserve le nom de Caveri, & se subdivise encore en quatre branches qui coulent toutes dans la même province, & la préservent de cette secheresse horrible, qui brûle durant une grande partie de l'année le reste de la côte de Coromandel.

Karikal, qui est la ville principale du Tanjaour, auroit pu devenir un établissement considérable, s'il étoit possible que les bâtimens s'approchassent plus près de la côte. Les maisons Indiennes y sont plus propres & mieux bâties que toutes celles du Tanjaour, où cependant on bâtit mieux qu'ailleurs. Les rues tirées au cordeau reçoivent un ombrage épais & délicieux des arbres plantés de chaque côté. Trois ou quatre aldées (vous savez que ce mot désigne ce que nous entendons en France par celui de bourgade) relèvent de Karikal. Quoique depuis environ quarante ans que cette ville appartient aux François, les négocians & les Banians de Naour ne s'y soient pas encore fixés, cependant cet évènement est dans l'ordre des choses possibles,

& s'il a jamais lieu, il ne pourra qu'augmenter les richesses de cette ville. Mais comme je vous l'ai déjà dit, il y aura toujours un obstacle très-considérable ; c'est l'impossibilité où se trouvent les bâtimens d'approcher de la côte ; car dans cette partie de l'Inde, ils restent deux fois plus loin de terre que dans les parties plus septentrionales. En y réfléchissant, vous sentirez la vérité de cette proposition, puisque depuis le fond du golfe de Manar, le long de la côte, le fond de la mer va toujours en se rapprochant de sa surface, au point qu'entre Ceylan & la côte de la Pêcherie, le passage n'est praticable que pour de petites barques, & qu'il y existe une suite de rochers que les Portugais ont nommé le *pont-d'Adam*. Ce qui m'autorife à penfer qu'il n'eft pas poffible d'établir un port le long de cette côte.

Dans l'état actuel, Karikal eft un lieu ouvert, qui peut avoir quinze mille habitans, la plupart occupés à fabriquer des mouchoirs communs & des toiles propres à l'ufage des naturels du pays. Son territoire, confidérablement augmenté par des conceffions faites en 1749, eft redevenu ce qu'il étoit dans les tems antérieurs, c'eft-à-dire qu'il a deux lieues de long fur une dans fa plus grande largeur. De quinze aldées qui le couvrent, la feule digne d'attention fe nomme

Tyranoué-Rayenpatnam. Elle n'a pas moins de vingt-cinq mille habitans, occupés à fabriquer & à peindre des perses médiocrement fines, mais convenables pour Batavia & les Philippines.

La France peut tirer tous les ans de cette possession deux cents balles de toiles ou de mouchoirs propres pour l'Europe, & beaucoup de riz sur-tout nécessaire à l'approvisionnement de ses autres colonies.

LETTRE CXVIII.

De Bisnagar.

JE viens de parcourir une grande partie du Carnate, Madame, & cette lettre va vous offrir le receuil abrégé de mes observations.

Bisnagar, qu'on peut regarder comme la capitale de cette province, est bâti sur le sommet d'une haute montagne, & environné d'une triple enceinte de murailles, dont le circuit embrasse plus de trois lieues. C'est là que s'élève un superbe palais magnifiquement décoré, où le principal *Souba* fait sa résidence. Ce prince qui partage aujourd'hui le nom de *Souba* avec plusieurs seigneurs de cette contrée, prenoit autrefois le titre de *roi des rois*, & de *mari de mille femmes*. On le voyoit faire la guerre, pour soutenir ces titres bisarres. Les Européens recherchent son amitié, afin de s'ouvrir les moyens de commercer dans un pays qui produit l'or, l'argent & les pierres précieuses. Il leur permet d'y passer quelques jours en qualité de voyageurs, mais il s'est fait une loi de ne permettre aucun établissement Européen. Personne n'entre dans la forteresse sans une permission expresse de sa part. Il possède plusieurs places fortes, & peut mettre sur pied cent mille fantassins, trente mille chevaux, & sept ou huit cens éléphans. Peu de souverains ont un si grand empire sur ses sujets. Il est honoré comme un dieu ; on vante sur-tout l'exactitude & l'impartialité avec laquelle la justice est administrée dans ses états. L'idolâtrie est la religion qu'on y professe, & le soleil la divinité qu'on adore.

Dans l'intérieur de ce petit royaume, on rencontre plusieurs villes que j'ai visitées très-rapidement. Gaudicot, Bezoard & Tripety sont célèbres par le nombre, la singularité, la bizarerie & la magnificence de leurs pagodes. Celle de Gaudicot est une des plus fortes places du pays ; elle est située sur la pointe d'une haute montagne, où l'on ne peut arriver que par un chemin fort difficile ; sur cette hauteur on ne découvre autour de soi que des précipices. La principale pagode de Bezoard, est ornée de diverses figures de relief, qui représentent d'affreux démons, & d'horribles animaux. Les Indiens viennent les adorer : en entrant dans les temples, ils joignent les mains, les portent au front, & s'approchent de l'idole, en répétant plusieurs fois *Ram-Ram*, c'est-à-dire, *dieu-dieu*. Arrivés aux pieds de l'idole, ils sonnent trois fois une cloche suspendue à l'idole même, après s'être barbouillés quelques parties du visage ou du corps de diverses peintures, ou s'être frottés d'huile ou de parfum. Ensuite ils font au dieu leurs préfens, en argent, en riz, en fucre ou en d'autres denrées. Ces offrandes, qui fervent à nourrir & foixante prêtres qui deffervent la pagode, & leurs femmes, & leurs enfans, doivent cependant refter durant deux jours entiers devant l'idole ; ce n'eft qu'au troifième, qu'il eft permis de les enlever. Un dévot qui vient implorer la divinité pour la guérifon de quelque mal, paye la confultation felon fes facultés. Il faut qu'il offre la figure du membre malade, ou en or, ou en argent, ou en cuivre, & tout cela eft pour les prêtres.

Chofe bien furprenante ! les plus hideufes de ces idoles font celles qui

qui reçoivent le plus d'adorations & d'offrandes. Des contrées éloignées, on voit arriver à cette pagode des caravanes de pélerins & de pauvres, que les prêtres nourriffent des dons & des aumônes des riches. J'y ai vu une pauvre veuve qui venant de perdre son mari, demandoit depuis trois jours à *Ram-Ram*, comment elle pourroit nourrir & élever fes enfans. Le dieu n'a fait aucune réponfe en ma préfence ; impatient, j'ai demandé aux prêtres la caufe d'un filence fi obftiné. C'eft, m'ont-ils répondu, que les explications de dieu méritent bien qu'on les attende. A cette réponfe, foupçonnant quelque fourberie de la part de ces prêtres, je me suis hasardé d'entrer dans la pagode, quand ils ont été retirés, & me suis avancé derrière la statue; j'ai découvert un trou dans lequel un homme peut se glisser, & qui sert de niche pour faire parler l'idole par la bouche des ministres. Comme je m'amusois à examiner cette niche, un des prêtres est entré, & m'a reproché durement d'avoir profané la sainteté du lieu. Mais je lui ai bientôt fermé la bouche, en lui donnant quelques roupies. Telle est l'histoire de la plupart des oracles. Les miracles qui jettent un voile mystérieux sur le plus grand nombre des religions ne sont que l'ouvrage de la fourberie & de la cupidité sacerdotale.

La pagode de Tripety est en aussi grande vénération chez les Indiens idolâtres, que la Mecque chez les mahométans. Tous les ans au mois de Septembre, on y célèbre une fête qui attire de tous les côtés une multitude de pélerins, dont les présens grossissent les revenus du Nabab. Là où est le temple, il n'est permis qu'aux idolâtres de monter.

LETTRE CXIX.

De Pondichéri.

Depuis long-tems, Madame, je desirois voir par moi-même cette ville dont le nom a retenti dans toute l'Europe, & qui dans l'histoire de la haine des Anglois contre les François occupera toujours une place mémorable. Pondichéri n'est plus ce qu'il a été autrefois ; ses ruines l'attestent à l'œil le moins observateur ; je n'ai pu m'empêcher en les parcourant de leur appliquer ce qu'on trouve dans les livres saints, sur la destruction de Jérusalem : les pierres des palais sont dispersées sur les places publiques, & l'or s'est changé en plomb.

Cette ville, dont les commencemens furent si foibles, acquit avec le tems tant de grandeur, tant de puissance & un nom si fameux, qu'elle devint la capitale de nos établissemens & le disputa bientôt aux plus belles villes de cette contrée. Les rues, la plûpart fort larges & toutes tirées au cordeau, étoient bordées de deux rangs d'arbres qui donnoient de la fraîcheur même au milieu du jour, & offroient à la fois le tableau varié d'un jardin & d'une ville. Le palais du Gouverneur étoit si beau, si magnifique, qu'il eût été digne de loger un puissant Monarque ; on le regardoit comme le plus magnifique édifice de l'Orient. Une mosquée, deux pagodes, deux églises, étoient des monumens publics, qui fixoient les regards & l'admiration.

On avoit construit en 1740 une petite citadelle qui étoit devenue inutile, depuis qu'il étoit permis de bâtir des maisons à l'entour. Pour remplacer ce moyen de défense, trois côtés de la place avoient été fortifiés par un rempart, un fossé, des bastions, & un glacis imparfait dans quelques endoits. La rade étoit défendue par des batteries très-adroitement disposées.

La ville dans une circonférence d'une grande lieue, contenoit soixante-dix mille habitans. Quatre mille étoient Européens, Métis ou Topasses. Il y avoit plus de dix mille mahométans ; le reste étoit des Indiens, dont quinze mille étoient chrétiens, & les autres de dix-sept à dix-huit castes différentes. Trois aldées ou villages, dépendantes de la place, pouvoient avoir dix mille habitans.

Mais dans la guerre de 1756, les Anglois prirent cette place, démolirent le beau palais du Gouverneur & rasèrent Pòndichéri tout entier.

A la paix, les François y rentrèrent, les maisons furent reconstruites, les allées d'arbres replantées & un nouveau palais rebâti. Moins beau que l'ancien, il n'étoit cependant pas indigne de la ville.

Les Anglois devenus de nouveau maîtres de cette ville, la détruisirent encore, abattirent toutes les maisons, ainsi que les fortifications qui n'étoient pas encore terminées. Ce fut dans les premiers jours de 1761, qu'ils renouvelèrent toutes ces horreurs. Tous les habitans furent chassés, & la ville ne fut peuplée que de ses ruines. D'autres examineront si le droit de la guerre donnoit à l'armée Angloise tous ces droits barbares. Pour nous, détournons les yeux de tant de cruautés exercées par un peuple libre, magnanime, éclairé, par un peuple Européen. L'Espagne n'a peut-être pas exercé de plus grandes hostilités dans le nouveau monde. Il est plus doux de nous occuper de la résolution que la France a prise de rétablir Pondichéri & d'en faire de nouveau le centre de son commerce. Tout justifie la sagesse de ce choix.

La ville privée de port, comme toutes celles qui ont été bâties sur la côte de Coromandel, a sur les autres l'avantage d'une rade plus commode ; les vaisseaux peuvent mouiller près du rivage, sous la protection du canon des fortifications. Son territoire, qui a trois lieues de long sur une de large, n'est qu'un sable stérile sur le bord de la mer ; mais dans sa plus grande partie il est propre à la culture du riz, du légume & d'une racine nommée *Chaya*, qui fait les couleurs : deux foibles rivières qui traverſent le pays, inutiles à la navigation, ont des eaux excellentes pour les teintures, pour le bleu ſingulièrement.

A trois milles, au nord-eſt de la place, s'élève à cent toiſes au-deſſus de la mer, un côteau qui ſert de guide au navigateur à ſept ou huit lieues de diſtance, avantage ineſtimable ſur une côte généralement trop baſſe. A l'extrémité de cette hauteur eſt un vaſte étang creuſé depuis pluſieurs ſiècles, & qui après avoir rafraîchi & fertiliſé un grand territoire, vient arroſer les environs de Pondichéri. Enfin la colonie eſt favorablement ſituée pour recevoir les vivres du Carnate & du Tanjaour.

Tels sont les puissans motifs qui déterminèrent la France à la réédification de Pondichéri. Aussi-tôt que ses gens parurent le 11 d'Avril 1766, on vit accourir les infortunés Indiens, que la guerre, la dévastation & la politique avoient dispersés. Au commencement de 1770, il s'en trouvoit vingt-sept mille qui avoient relevé les ruines de leurs anciennes habitations. Le préjugé où ils sont élevés qu'on ne peut être heureux qu'en mourant dans le lieu où l'on a reçu le jour, ce préjugé si doux à conserver, si utile à nourrir, ne permet pas de douter qu'ils ne revinssent tous aussi-tôt que la ville seroit fermée.

Le projet en fut conçu quelques années après la reprise de possession. On n'avoit alors d'autre idée sur la construction dans un terrein sablonneux, & où les fondations doivent être nécessairement dans l'eau, que l'établissement sur puits, ouvrage très-dispendieux, & pour ainsi dire, interminable. M. Bourcet préféra un établissement sur bermes, avec un revêtement sans épaisseur, taluant de deux cinquièmes, & appuyant sur un rempart de terres mouillées, battues & comprimées. Ces bermes avoient été mises usage dans la construction de l'ancienne enceinte de la place; mais les murs qui les soutenoient étoient fondés assez bas pour empêcher

les

les affaissemens qu'auroit produits l'écoulement des sables qui auroient pu s'échapper de dessous les fondations; avantage dont la nouvelle méthode étoit bien éloignée. C'est dans ce mauvais système que furent élevées mille toises de revêtement.

On ne fut pas plutôt instruit en Europe du vice de ces travaux, que le ministère fit partir M. Desclaisons, distingué dans le corps du génie par sa probité & par ses talens. Cet habile homme n'adopta ni l'établissement sur puits, ni l'établissement sur bermes avec des revêtemens inclinés aux deux cinquièmes de talus sur la hauteur. Il commença à travailler en février, en 1770, & fit en sept mois un développement de six cens trente-six toises, avec dix pieds réduits de nette maçonnerie au-dessus de la fondation portée au point le plus bas où l'on eût pu épuiser les eaux. La maçonnerie étoit solide, & son revêtement construit suivant la pratique des plus grands maîtres.

L'intrigue qui bouleversoit alors la cour de Versailles fit rappeler M. Desclaisons, qui fut remplacé par le même ingénieur, dont le travail avoit été si justement blâmé. Celui-ci reprit sa méthode, quoique ce qu'il avoit fait fût déjà tout lezardé, & il exécuta un nouveau développement de huit cens toises, qui essuya le même dépérissement.

La raison, qui se fait quelquefois entendre à la cour, fit encore recourir à M. Desclaisons en 1775. On desira qu'il se chargeât d'achever l'enveloppe de Pondichéri ; mais en conservant les fortifications qui étoient sur pied. Cet arrangement s'éloignoit trop des bons principes pour qu'il s'y prêtât. Le sacrifice de tout ce qui avoit été entrepris contre les règles de l'art, lui parut indispensable. Il démontra que le travail sur bermes étoit insoutenable, & pour la défense & pour la durée ; que les revêtemens inclinés ne pouvoient manquer de se briser ou horisontalement ou verticalement ; qu'un mur au-devant des bermes devoit les faire périr, & pouvoit entraîner l'affaissement, & même la ruine des revêtemens. Son opinion étoit qu'il convenoit de fermer Pondichéri suivant les méthodes usitées en Europe, & qu'une enceinte à bastionnement simple, avec quelques dehors, étoit suffisante. Cette dépense devoit s'élever à 5,000,000 livres. Sans contredire ouvertement son raisonnement, on ne le suivit pas, & la place resta sans défense ou dans un état de foiblesse, qui ne permit pas de la défendre contre l'armée Angloise : elle vient d'être rendue par la paix.

Il me reste, Madame, à vous parler de la *barre* de Pondichéri. En terme de marine, barre est une suite de bancs de sable & quelquefois de rochers, qui embarrassent l'entrée des rivières & des ports & défendent l'abord des côtes. On ne peut passer les barres qui sont à l'entrée des rivières, que lorsque la marée est haute, ou par les intervalles, coupures ou canaux que peuvent laisser entr'eux ces barres. Ces canaux s'appellent passes; les barres qui défendent l'abord des côtes ne peuvent se franchir qu'au moyen de bateaux faits exprès.

La barre de Pondichéri est de cette seconde classe; elle est formée par un banc de sable d'une médiocre largeur, & ordinairement par trois grosses lames qui se suivent à égale distance, assez près l'une de l'autre, s'élèvent de quatre à cinq pieds & vont se briser à terre avec beaucoup de violence : c'est presque toujours là l'état de la barre à Pondichéri.

Les bateaux, dans lesquels on passe ces barres, se nomment *chelingues*; ils sont faits exprès. Ce sont des planches mises l'une au-dessus de l'autre, & cousues l'une à l'autre avec du fil fait de l'écorce intérieure du cocotier. Les coutures sont calfatées avec de l'étoupe faite de la même écorce ; le fond de ces bateaux est plat & formé comme les bords : ces bateaux ne sont guère plus longs que larges ; & il n'entre pas un seul clou dans leur construction. A Pondichéri les chelingues ont quatre, cinq à six pieds de profondeur. Tout cet assemblage de planches liées ou cousues ensemble est exprès très-flexible, afin que le corps du bateau puisse obéir à la barre, lorsqu'il la rencontre ; sans être dans le cas de se délier ou de se rompre ; & les bords, qui sont élevés de cinq à six pieds, garantissent de la mer. Il arrive quelquefois que la barre est gonflée, & qu'au lieu de quatre à cinq pieds, les lames en ont six, sept, & même davantage : alors on est exposé à être mouillé ; pour l'éviter, on prend la précaution de s'envelopper d'un manteau ou d'une redingotte : il est des tems où il est absolument impossible de passer la barre. Lorsque quelques personnes de considération vont en rade, le capitaine de port manque rarement d'avoir l'attention de faire escorter la chelingue par un couple de cartimarons.

Si Pondichéri avoit un port, cette ville pourroit devenir la maîtresse de toute l'Inde, & sur-tout de son commerce; toutes les autres parties de ce beau & vaste pays en deviendroient tributaires, comme le sont les habitans de ce canton, comme tant de peuples l'ont été autrefois de la ville de Tyr, & de celle de Sydon. En général la seule chose qui manque à cette côte est un port. Les François en ont si bien senti l'importance, que l'on m'assura le jour que j'arrivai à Pondichéri, qu'on avoit autrefois proposé à la compagnie des Indes de faire un port à la rivière d'Arian-coupam, dont j'ai déjà parlé ; mais quelles sommes ne coûteroit pas un pareil port ! Est-il même possible? J'ai bien examiné le local, & je doute qu'aucune force humaine pût jamais en venir à bout. La nature seule forme les ports, & l'art, en les perfectionnant, ne fait que leur fournir quelques commodités que la nature n'avoit point en vue. Or, il est certain que la nature n'a pas fait jusqu'à ce jour la moindre ébauche de port à la rivière d'Arian-coupam.

C v

LETTRE CXX.

De Madras.

Madras ou le fort S. George, Madame, est une ville bâtie, il y a plus d'un siècle, par Guillaume Langhorne, dans le pays d'Arcate, & sur le bord de la mer. Comme il la plaça dans un terrein sabloneux, tout-à-fait aride & entièrement privé d'eau potable, qu'il faut aller puiser à près d'un mille, on chercha les raisons qui pouvoient l'avoir déterminé à ce mauvais choix. Ses amis prétendirent qu'il avoit espéré d'attirer à lui tout le commerce de Saint-Thomé ; l'événement n'a pas trompé ses espérances. Ses ennemis l'accusèrent de n'avoir pas voulu s'éloigner d'une maîtresse qu'il avoit dans cette colonie portugaise.

Madras est divisé en ville blanche & en ville noire. La première plus connue en Europe, sous le nom de Fort S. George, n'est habitée que par les Anglois. Elle n'eut pendant long-tems que très-peu de fortifications, mais aujourd'hui on a ajouté des ouvrages considérables.

La ville noire, autrefois entièrement ouverte, a été après 1767 entourée d'une bonne muraille & d'un large fossé rempli d'eau. Cette précaution & la ruine de Pondichéri y ont réuni trois cents mille hommes, Juifs, Arméniens, Maures ou Indiens.

A un mille de ce grand établissement est Chepauk, où la cour du Nabab d'Arcate est fixée depuis 1769.

Le territoire de Madras n'étoit rien anciennement; il s'étend actuellement cinquante milles à l'ouest, cinquante milles au nord & cinquante milles au sud. On voit sur ce vaste espace des manufactures considérables, qui augmentent chaque jour, & des cultures assez variées, qui deviennent de jour en jour plus florissantes. Ces travaux occupent cent mille hommes.

Ces concessions furent le prix du plan que les Anglois avoient formé de donner le Car..ate à Mahmet-Ali-Kan, des combats qu'ils avoient livrés pour le maintenir dans le poſte où ils l'avoient élevé, & du bonheur qu'ils avoient eu de détruire la puiſſance Françoiſe, toujours diſpoſée à renverſer leur ouvrage.

En un mot Madras eſt à préſent une ville très-bien fortifiée; ce n'eſt qu'avec des forces majeures, qu'on pourroit s'en rendre maître. Si elle poſſédoit un fort, elle ſeroit la Carthage de l'Inde par ſon commerce.

LETTRE CXXI.

De Jagrenat.

Après avoir parcouru, Madame, depuis la côte de Coromandel toutes les terres qui s'étendent le long de celle d'Orixa, & qui font presque toutes des possessions Angloises, j'arrive en pélerinage à Jagrenat, ville célèbre par trois grandes pagodes, dont les dômes s'élèvent à une si grande hauteur, qu'on les découvre de huit à dix lieues en pleine mer.

Du côté de la terre une multitude de petites pagodes ou chapelles entourées de bois & d'étangs d'eau pure, bordés de pierre de taille, forment aux entrées de cette ville une avenue très-propre à nourrir la dévotion des pélerins & à récréer la vue des voyageurs.

Les trois grandes pagodes font renfermées dans une enceinte de pierres noires d'une grosseur énorme, qui ne semblent être liées par aucun ciment. Cette enceinte me paroît avoir environ cent toises en quarré. Elle est coupée par quatre portes, dont chacune est en regard d'un point cardinal. Deux de ces portes sont ouvertes; les cuisines sont à côté de la porte de l'est. Je fais cette remarque, qui vous paroît minutieuse, parce que les mets que l'on sort de cette cuisine sont censés apprêtés par la déesse *Lakhs-*

chimi, épouse du dieu Vischenou.

La statue de Jagrenat, haute de huit pieds, travaillée grossièrement & présentant la figure d'un homme est placée dans la pagode la plus élevée. Tous les Bengalis, de quelque culte qu'ils soient, excepté les Parias, sont admis en la présence du dieu; mais ils ne peuvent prendre leurs repas & dormir que dans les deux autres pagodes.

La rue qui mène à ces pagodes est d'une belle longueur, & bordée de plusieurs grandes maisons embellies de jardins. Dans l'enceinte des pagodes, à droite de la porte du nord, on voit sur la muraille un bas relief, représentant Jagrenat, sa sœur & son frère.

On vient de me dire que ces pagodes renferment des richesses immenses, & que la statue de Jagrenat eut long-tems les yeux formés de deux pierres précieuses d'un très-grand prix; c'étoit deux rubis qu'on nomme *escarboucles* : l'une d'elles fut volée à Jagrenat; on attribue ce vol à un facteur Hollandois. Pour moi je pense avec bien d'autres que tout ce qu'on débite de ces richesses n'est qu'une fable populaire; l'avidité des rajas & des brames ne les y laisseroit pas. Ils ont trop de facilité d'en imposer au peuple, en substituant à tout cet or & à ces rubis des dorures & des grains de verre colorés.

Dans le reste de la ville j'ai vu

beaucoup de piras ou sanctuaires isolés, qui renferment chacun la statue de quelque divinité Indienne, & un grand nombre de *carbis* ou arbres plantés en l'honneur de Jagrenat, & dont le pied est entouré de chaux.

Si l'on en croit les annales nationales & les livres sacrés, la pagode de Jagrenat est la plus ancienne. Le calcul des Brames fait remonter sa fondation au tems de *Paritchitou*, premier roi d'Orixa, dont le règne remonte au commencement du quatrième âge du monde, à compter comme la Genèse, c'est-à-dire, à 4883 ans d'antiquité. Il se rend tous les ans à Jagrenat de toutes les parties de l'Asie, de ces espèces de

moines que l'on appelle Fakirs, &
ils s'y trouvent en très-grand nombre. Ils y vont un à un de la prefqu'île de l'Inde, du Bengale & de
la Tartarie : il fe trouve même
parmi eux des chrétiens noirs. A
plufieurs coffes de Jagrenat, les
Tcholis exigent d'eux des droits
affez confidérables qui font partie
du revenu du rajah qui relève de
Katek. Ils font encore obligés de
payer deux roupies par tête aux
Tcholis qui font à l'entrée de la
ville, & de préfenter au moins une
demi roupie au premier brame de
la pagode, pour être admis en la
préfence de Jagrenat. Comme alors
ils ne font pas les plus forts, ils
donnent ce qu'on leur demande &

se dédommagent au retour de la manière suivante.

Après avoir fait leurs dévotions, ils s'assemblent tous à quelques cosses de Jagrenat, & choisissent un chef auquel ils donnent l'équipage d'un général, des gardes, un éléphant, des chameaux. Les pélerins qui ont des armes forment ensuite une armée partagée en différens corps, marchant en assez bon ordre, & mettant à contribution les villes des environs, pillant & brûlant les aldées. Quelquefois même le rajah est obligé de se racheter du pillage. Ces violences durent assez avant dans le Bengale, où à cause des fortes garnisons & des troupes qu'ils sont exposés à rencontrer ils se dispersent & portent ensuite chacun dans leur pays les indulgences obtenues à Jagrenat.

Un de ces jours aux environs de cette ville, j'ai rencontré une armée de ces moines Indiens de six mille hommes. Je fus arrêté par l'avant-garde composée de quatre cens moines-soldats. Elle étoit disposée sur deux lignes dans une grande plaine. A la tête marchoient trois hommes de haute taille, bien faits, qui de la main droite tenoient une longue pique & de la gauche une rondache ; le reste étoit armé de sabres, d'arcs, de fusils à mèche. Je n'étois suivi que d'un petit nombre de mes compagnons. Ces moines me demandèrent fièrement, d'où venez vous ? où allez-vous ? Je leur fis en réponſe un compliment religieux, en uſage dans le pays, & j'ajoutai que j'étois un François qui revenoit d'un établiſſement enlevé par les ennemis de la nation. Après ces mots, on m'a laiſſé paſſer. Pendant plus de deux coſſes, j'ai rencontré des bagages de toute eſpèce, fruits de leurs pillages, que des bandes de mille & de deux mille Fakirs eſcortoient.

LETTRE CXXII.

De Maxoudabad.

C'Est dans les villes capitales qu'il faut se transporter, Madame, pour bien juger les loix, la religion & les mœurs d'un peuple. Là, comme à un rendez-vous général, vient se réunir l'élite des différentes provinces, & le voyageur exercé à étudier les hommes rassemble quelquefois en un jour des observations qui lui coûteroient ailleurs des années entières & de longues courses. Le Bengale est trop étendu pour que je puisse me promettre de le parcourir tout entier. C'est une des plus vastes régions de l'Asie, puisqu'on eſtime qu'elle forme une étendue de cinquante mille lieues quarrées, & que de l'aveu des Anglois même, qui en ſont devenus les tyrans, on compte dix millions d'hommes répandus ſur cette ſuperficie. Il faut donc que je me borne à parcourir les lieux les plus conſidérables, ou les plus renommés, ils ſuffiront à ſatisfaire cet eſprit de curioſité qui me domine & qui me retiendra peut être le reſte de mes jours éloigné de ma patrie, de mes parens & de mes amis.

Maxoudabad eſt aſſis ſur le petit Gange ; c'eſt ainſi qu'on appelle la branche occidentale de ce fleuve fameux dans l'hiſtoire de l'Orient, & conſacré par la religion des Indiens.

Indiens. Voici sur cette rivière la plus célèbre de toute l'Asie, quelques détails qui méritent de vous intéresser.

Le Gange prend sa source dans les montagnes du Caucase, aux confins du grand Thibet & de l'Indostan qu'elle traverse du nord au sud-est. Dans son cours, qui est d'environ trois cens milles d'Allemagne, & pendant lequel il forme plusieurs îles vastes, fertiles & bien peuplées, on le voit se grossir d'un grand nombre de courans plus ou moins considérables. Enfin accru du tribut de toutes ces eaux, il arrive à la mer dans le golfe de Bengale, où il se décharge par plusieurs embouchures, dont deux seulement sont connues & fréquentées.

Les eaux en sont pures. Elles roulent de l'or & quelquefois aussi des pierres précieuses qu'il détache sans doute des minières qui s'offrent sur son passage. Vous pouvez le regarder comme le Nil de l'Asie, tant il a de ressemblance avec le Nil de l'Afrique. Ainsi que ce dernier, il est soumis à des débordemens périodiques ; & son lit sert de retraite à des peuplades de crocodiles. Les Indiens, pour qui ce fleuve est sacré, lui rendent un culte d'adoration. Ils prétendent que ses eaux ont une vertu sanctifiante, & que tous ceux qui ont le bonheur de mourir sur ses bords, habitent après leur décès, une région pleine de délices. De-là vient qu'ils envoient des lieux les plus reculés des urnes pleines des cendres de leurs morts, pour les jetter dans le Gange. Il importe peu qu'on vive bien ou mal : on fera jetter ses cendres dans le fleuve, & l'on jouira d'un bonheur infini. Voilà ce qui a fait dire à Montesquieu : Toute religion qui justifie par de semblables pratiques, perd inutilement le plus grand ressort qui soit parmi les hommes. Cette réflexion est digne sans doute du grand auteur de l'Esprit des loix ; mais il est permis peut-être de la contrebalancer par une autre qui n'est pas moins importante. Toute religion qui par de semblables pratiques attache irrévocablement les hommes à leur patrie, fait un digne usage du plus grand ressort qui soit parmi les hommes. On voit en effet, en vivant parmi les Indiens, que c'est à leur religion pour le Gange, qu'ils doivent cet amour de préférence qui ne leur permet pas d'abandonner leur terre natale, ou qui du moins, après quelques années d'absence, les y ramène toujours avec un nouveau plaisir. Tel fut sans doute le but de leurs premiers législateurs; ils voulurent attacher l'Indien à sa patrie. Le succès a répondu à leurs espérances. Moyse ne fut pas plus heureux, lorsqu'il forma le projet de créer un peuple à jamais séparé & distinct de tous les autres peuples.

Maxoudabad ne fut pas toujours la capitale du Bengale. Cet honneur appartint long-tems à Daca, grande ville assise aussi sur le Gange, & remarquable par un riche commerce. Mais depuis 1718, Maxoudabad est le chef-lieu du Bengale, sans pouvoir toutefois devenir le centre du commerce qui est demeuré à Daca. Dans cette dernière ville, dont le territoire est plus fertile & la situation plus avantageuse, se fabriquent toutes les toiles nécessaires aux cours de Delhy & de Maxoudabad. Chacune de ces cours y entretient un Agent chargé de les faire fabriquer. Il a une autorité indépendante du magistrat, sur les courtiers, tisserands, brodeurs, sur tous les ouvriers dont l'industrie a quelque rapport à l'objet de sa commission. On défend à ces malheureux sous des peines pécuniaires & corporelles, de vendre à qui que ce puisse être, aucune pièce dont la valeur excède soixante-douze livres. Ce n'est qu'à force d'argent qu'ils peuvent se rédimer de cette vexation.

On s'étonne quelquefois dans notre Europe que le commerce ne soit pas ici plus considérable ; & moi je ne conçois pas qu'au milieu de tant d'entraves & de tyrannies qui le circonscrivent & le lient de toutes parts, il puisse avoir encore autant d'activité. On marche mal quand on est chargé de chaînes; heureux celui qui à force de les porter ne tombe point écrasé sous le poids, & peut conserver un reste de desir de se mouvoir & de se déplacer !

LETTRE CXXIII.

De Daca.

JE vous ai dit, Madame, que les Anglois étoient les tyrans du royaume de Bengale; & vous desirez sans doute connoître l'histoire de cette révolution, qui a influé sur la destinée des Indiens & sur le commerce que les nations Européennes font dans ces climats?

Cette révolution, demandez-vous-a-t-elle été l'effet & le résultat d'une suite de combinaisons politiques? Est-ce encore un de ces événemens, dont la prudence humaine a droit de s'énorgueillir? Non, Madame; le hasard seul en a décidé, & les circonstances qui ont ouvert aux Anglois cette carrière de gloire & de puissance, loin de leur promettre les succès qu'ils ont eus, sembloient au contraire leur annoncer les revers les plus funestes.

Depuis quelque tems il s'étoit introduit dans ces contrées, un usage pernicieux. Tout gouverneur de quelque établissement Européen se permettoit de donner asyle aux naturels du pays, qui craignoient des vexations ou des châtimens. Les sommes souvent très-considérables, qu'il recevoit pour prix de sa protection, lui faisoient fermer les yeux sur le danger auquel il exposoit les intérêts de ses commettans. Un des principaux officiers du Bengale, qui connoissoit cette ressource, se réfugia chez les Anglois à Calcutta, pour se soustraire aux peines que ses infidélités avoient méritées. Il fut accueilli. Le Souba offensé, comme il devoit l'être, se mit à la tête de son armée, attaqua la place & s'en empara. Il fit jeter la garnison dans un cachot étroit, où elle fut étouffée en douze heures. Il n'en resta que vingt-trois hommes. Ces malheureux offrirent de grandes sommes à la garde qui étoit à la porte de leur prison, pour qu'on fît avertir le Prince de leur situation ; leurs cris, leurs gémissemens l'apprenoient au peuple qui en étoit touché ; mais personne ne vouloit aller parler au despote. *Il dort*, disoit-on aux Anglois mourans ; & il n'y avoit pas peut-être un seul homme dans le Bengale, qui pensât que pour sauver la vie à cent-cinquante infortunés, il fallût ôter un moment de sommeil au tyran.

L'Amiral Watzon, qui étoit arrivé depuis peu dans l'Inde, avec une escadre, & le colonel Clive, qui s'étoit si fort distingué dans la guerre du Carnate, ne tardèrent pas à venger leur nation. Ils ramaſsèrent les Anglois diſperſés & fugitifs. Ils remontèrent le Gange dans le mois de décembre 1756, reprirent Calcutta, s'emparèrent de pluſieurs autres places, & remportèrent enfin une victoire complette ſur le Souba.

Un ſuccès ſi étendu & ſi rapide devient en quelque ſorte inconcevable, lorſqu'on penſe que c'étoit avec un corps de cinq cens hommes, que les Anglois luttoient ainſi contre toutes les forces du Bengale : mais s'ils durent en partie leurs avantages à la ſupériorité de leur diſcipline & à l'aſcendant marqué que les Européens ont dans les combats ſur les nations Indiennes, ils ont encore été plus utilement servis par l'ambition des chefs, par la cupidité des ministres, & par la nature d'un Gouvernement, qui n'a d'autres ressorts que l'intérêt du moment & la crainte. C'est du concours de ces diverses circonstances, qu'ils ont su profiter dans cette première entreprise, & dans toutes celles qui l'ont suivie. Le Souba étoit détesté de ses peuples, comme le sont presque tous les despotes; ses principaux officiers vendoient leur crédit aux Anglois; il fut trahi à la téte de son armée, dont la plus grande partie refusa de combattre; & il tomba lui-même au pourvoir de ses ennemis, qui le firent étrangler en prison.

Ils

BENGALE.

Ils disposèrent de la Soubabie en faveur de Jafter-Alikan, chef de la conspiration ; celui-ci céda à la compagnie quelques provinces ; & lui accorda tous les privilèges, toutes les exemptions, toutes les faveurs auxquelles elle pouvoit prétendre. Mais bientôt las du joug qu'il s'étoit imposé, il chercha sourdement les moyens de s'en affranchir. Ses desseins furent pénétrés ; & il fut arrêté au milieu de sa propre capitale.

Cachem-Alikan, son gendre, fut proclamé à sa place. Il avoit acheté cette usurpation par des sommes immenses ; mais il n'en jouit pas long-tems. Impatient du joug, comme l'avoit été son prédécesseur, il se montra indocile & refusa de recevoir la loi. Aussi-tôt la guerre se rallume. Ce même Jaster-Alikan, que les Anglois tenoient prisonnier, est proclamé de nouveau, Souba du Bengale. On marche contre Cachem-Alikan ; on parvient à corrompre ses généraux ; il est trahi & entièrement défait ; trop heureux en perdant ses états, de sauver les immenses richesses, qu'il avoit accumulées.

Au milieu de cette révolution, Cachem-Alikan ne perdit pas l'espoir de la vengeance. Il alla porter son ressentiment & ses trésors chez le Nabab de Bénarès, premier Visir de l'empire Mogol. Ce Nabab & tous les peuples voisins se réunirent contre l'ennemi commun, qui les menaçoit tous également. Mais ce n'étoit plus à une poignée d'Européens, venue de la côte de Coromandel, qu'ils avoient à faire ; c'étoit à toutes les forces du Bengale, que les Anglois tenoient sous leur puissance. Fiers de leurs succès, ils n'attendirent point qu'on vînt les attaquer ; ils marchèrent les premiers au-devant de cette ligue formidable ; & ils marchèrent avec la confiance que leur inspiroit Clive, ce général dont le nom sembloit être devenu le garant de la victoire. Cependant Clive ne voulut rien hasarder. Une partie de la campagne se passa en négociations: mais enfin les richesses que les Anglois avoient déjà tirées du Bengale, fervirent à leur affurer encore de nouvelles conquêtes. Les chefs de l'armée Indienne furent corrompus; & lorfque le Nabab de Bénarès voulut engager une action, il fut entraîné par la fuite des fiens, fans même avoir pu combattre.

Cette victoire livra le pays-de Bénarès aux Anglois; & il fembloit que rien ne pût les empêcher de réunir cette fouveraineté à celle du Bengale. Mais foit modération, foit prudence, ils fe contentèrent de lever huit millions de contribution; & ils offrirent la paix au Nabab, à des conditions qui devoient le mettre dans l'impuiffance de leur nuire, mais qu'il étoit encore trop heureux d'accepter pour rentrer dans ſes états.

Parmi ces défaſtres, Cachem-Alikan trouva encore le moyen de ſauver une partie de ſes tréſors & il ſe retira chez les *Scheiks*, peuples ſitués aux environs de Delhy, d'où il chercha à ſe faire des alliés, & à ſuſciter des ennemis aux Anglois.

Pendant que ces choſes ſe paſſoient dans le Bengale, l'Empereur Mogol chaſſé de Delhy par les Patanes, qui avoient proclamé ſon fils à ſa place, erroit de province en province, cherchant un aſyle dans ſes propres états, & demandant vainement du ſecours à ſes propres vaſſaux. Abandonné de ſes sujets, trahi par ses alliés, sans appui, sans armée, il fut frappé de la puissance des Anglois, & il implora leur protection. Ils lui promirent de le conduire à Delhy & de le rétablir sur son trône ; mais ils commencèrent par se faire céder d'avance le Bengale en toute souveraineté. Cette cession fut faite par un acte authentique, & revêtue de toutes les formalités usitées dans l'empire Mogol.

Les Anglois munis de ce titre, qui légitimoit en quelque sorte leur usurpation aux yeux des peuples, oublièrent bientôt leurs promesses. Ils firent entendre à l'Empereur que les circonstances ne leur permettoient pas de se livrer à une pareille entreprise, qu'il falloit attendre des tems plus heureux ; & ils lui assignèrent pour tout dédommagement, une pension de six millions, & les revenus de quelques provinces, avec lesquels ce malheureux souverain fut réduit à subsister dans une des principales villes du royaume de Bénarès, où il a fixé sa résidence. Ainsi l'empire Mogol se trouve partagé entre deux Empereurs ; l'un qui est reconnu dans les différentes contrées de l'Inde, où la compagnie Angloise a des établissemens & de l'autorité ; l'autre l'est dans les provinces qui environnent Delhy, & dans les pays où cette compagnie est sans influence.

Les Anglois ainſi devenus ſouverains du Bengale, ont cru devoir conſerver l'image des formes anciennes, dans un pays où elles ont le plus grand pouvoir, & peut-être le ſeul pouvoir qui ſoit ſûr & durable. C'eſt toujours ſous le nom d'un Souba qu'ils gouvernent ce royaume & qu'ils en perçoivent les revenus. Ce Souba qui eſt à leur nomination, à leurs gages, ſemble donner des ordres. C'eſt de lui que paroiſſent émanés les actes publics, les décrets qui ont été réellement délibérés dans le conſeil de la compagnie, ſiégeant à Calcuta ; de manière qu'après avoir changé de maîtres, les peuples ont pu croire long-tems qu'ils étoient encore courbés sous le même joug.

LETTRE CXXIV.

De Maxoudabab.

Maintenant, voulez-vous savoir, Madame, quel a été pour les Indiens le fruit de cette conquête, ou plutôt de cette usurpation des Anglois? Ecoutez & frémissez. Ces avides insulaires, foulant aux pieds tous les droits de l'humanité, ont aggravé dans le Bengale l'oppression sous laquelle il gémissoit depuis long-tems. Leur conseil de Calcuta est devenu un objet de terreur. La plainte des malheureux que poursuit la tyrannie n'y peut trouver aucun accès ouvert. Nulle propriété n'est respectée, & les exactions de toutes les sortes forcent à cacher dans les entrailles de la terre l'or monnoyé, qui pour mieux féconder l'industrie & le commerce, doit circuler sans cesse dans la société. On a perfectionné l'art destructeur des monopoles ; on en a inventé de nouveaux. Il n'est pas jusqu'au titre des espèces que la compagnie Angloise ne se soit permise d'altérer. Elle a donné l'exemple de cette lâcheté, inconnue aux despotes de l'Asie ; & c'est par cet acte déshonorant qu'elle a annoncé sa souveraineté aux peuples.

Tant d'oppressions ont dû nécessfairement être accompagnées de violence; aussi a-t-il fallu recourir souvent à la force des armes pour faire exécuter les ordres du conseil de Calcuta. On ne s'est point borné à en faire usage contre les Indiens. Le tumulte & l'appareil de la guerre se sont renouvelés de toutes parts dans le sein de la paix. Les Européens ont été exposés à des actes d'hostilité marqués, & particulièrement les François, qui, malgré leur abaissement & leur foiblesse, excitoient encore la jalousie de leurs anciens rivaux.

Si au tableau des vexations publiques, j'ajoutois, Madame, celui des exactions particulières, vous verriez presque par-tout les agens de la compagnie percevant pour elle les tributs avec une extrême rigueur, & levant des contributions pour eux avec la dernière cruauté. Vous les verriez portant l'inquisition dans toutes les familles, sur toutes les fortunes, dépouiller indifféremment l'artisan & le laboureur; souvent faire un crime à un homme, & le punir de n'être pas assez riche; vous les verriez vendant leur faveur & leur crédit, pour opprimer l'innocent ou pour sauver le coupable. Vous verriez à la suite de ces excès, l'abattement gagnant tous les esprits, le désespoir s'emparant de tous les cœurs, & l'un & l'autre arrêtant par-tout les progrès & l'activité du commerce, de la culture, de la population.

Vous croirez sans doute, après ces détails, qu'il étoit impossible que le Bengale eût à redouter de nouveaux malheurs. Cependant comme si les élémens, d'accord avec les hommes, eussent voulu réunir à-la-fois, & sur un même peuple, toutes les calamités qui désolent successivement l'univers, une sécheresse dont il n'y avoit jamais eu d'exemple dans ces climats, vint en 1769 préparer une famine épouvantable dans le pays le plus fertile de la terre.

Il y a deux récoltes dans le Bengale, l'une en Avril, l'autre en Octobre. La première, qu'on appelle la petite récolte, est formée par de menus grains; la seconde, désignée sous le nom de grande récolte, consiste uniquement en riz. Ce sont les pluies qui commencent régulièrement au mois d'Août, & finissent au milieu du mois d'Octobre, qui sont la source de ces productions diverses. Mais ces pluies fécondes manquèrent, & les deux récoltes n'existèrent pas. Plus de riz, plus de menus grains dans les plaines, qui pour produire ont besoin d'être inondées. Ce dérangement des saisons ne fut pas, il est vrai, aussi funeste au riz qui croît sur les montagnes, & n'a pas besoin d'humidité; mais on fut loin d'en recueillir une assez grande quantité pour suffire à la nourriture de dix millions d'hommes. Les Anglois d'ailleurs occupés d'avance à assurer leur subsistance & celle de leurs troupes, ne manquèrent pas de faire enfermer dans leurs magasins une partie de cette récolte, déjà insuffisante.

Toutes les voix, ici, les accusent, d'avoir abusé de cette précaution nécessaire, pour exercer le plus odieux, le plus criminel des monopoles. Pour gagner quelques millions de roupies, ils dévouèrent froidement des millions d'hommes à la mort, & à la mort la plus cruelle.

La famine en effet ne tarda point à se faire sentir dans tout le Bengale. Le riz qui ne valoit communément qu'un sol les trois livres, augmenta graduellement au point de se vendre jusqu'à quatre, cinq & même six sols la livre : encore n'y en avoit-il que dans les lieux, où les Européens avoient pris soin d'en amasser pour leurs besoins.

Dans cette disette, les malheureux Indiens, sans moyens, sans ressource, périssoient tous les jours par milliers, faute de pouvoir se procurer la moindre nourriture. On les voyoit dans leurs aldées, le long des chemins, au milieu de nos colonies Européennes, pâles, défaits, exténués, déchirés par la faim ; les uns couchés par terre & attendant la mort ; les autres se traînant avec peine, pour chercher quelques alimens autour d'eux, & embrassant les pieds des Européens, en les suppliant de les recevoir pour esclaves.

A ce tableau, qui fait frémir l'humanité, ajoutez, Madame, d'autres objets également affligeans ; que votre imagination les exagère; qu'elle vous repréſente encore des enfans abandonnés, d'autres expirans ſur le ſein de leurs mères; par-tout des morts & des mourans ; par-tout les gémiſſemens de la douleur & les larmes du déſeſpoir, & vous n'aurez qu'une foible idée du ſpectacle horrible qu'offrit le Bengale pendant l'eſpace de ſix ſemaines.

Durant tout ce tems, le Gange fut couvert de cadavres, les campagne & les chemins en furent jonchés ; des exhalaisons infectes remplirent l'air ; les maladies se multiplièrent, & peu s'en est fallu qu'un fléau succédant à l'autre, la peste n'ait enlevé le reste des habitans de ce malheureux royaume. Il paroît suivant les calculs assez généralement avoués que la famine seule emporta environ trois millions d'Indiens.

Mais ce qu'il y a de vraiment remarquable, ce qui caractérise la douceur, ou plutôt l'inertie morale & physique de ces peuples, c'est qu'au milieu de ce fléau terrible, cette multitude d'hommes, pressée par le plus impérieux de tous les besoins, est restée dans une inaction absolue, & n'a rien tenté pour sa propre conservation. Tous les Européens, les Anglois fur-tout avoient des magafins, & ces magafins ont été refpectés. Les maifons particulières l'ont été également. Aucune révolte ; point de meurtres ; pas la moindre violence. Les malheureux Indiens livrés à un défefpoir tranquille, fe bornoient à implorer un fecours qu'ils n'obtenoient pas, & ils attendoient paifiblement la mort.

Figurez-vous maintenant, Madame, une femblable calamité répandue fur un des royaumes de l'Europe. Quel défordre ! quelle fureur ! que d'atrocités ! que de crimes ! comme on verroit nos Européens fe difputer leur fubfiftance un poignard à la main, fe chercher, se fuir, s'égorger impitoyablement les uns les autres! comme on les verroit tournant ensuite leur rage contre eux-mêmes, déchirer, dévorer leurs propres membres, & dans leur désespoir aveugle fouler aux pieds l'autorité, la raison & la nature.

L'histoire de l'Italie nous a conservé le récit des horreurs que la famine amena à sa suite, lors de l'éruption des Hérules sous Odoacre. Je me souviens que celui de nos poëtes modernes que je me plais à vous citer quelquefois nous a tracé d'après les monumens historiques, une peinture effrayante des excès auxquels les hommes se livrèrent en cette circonstance.

Ce fut alors qu'on vit deux féroces amans,
L'un par l'autre étouffés dans leurs embras-
semens,
A leurs propres amis servir de nourriture;
Qu'une mere (ô fureur, dont frémit la
nature !)
Qu'une mère s'armant d'un poignard assassin,
Fond à coups redoublés sur le fruit de son
sein,
L'égorge, le déchire, & de sang dégoûtante,
En dévore la chair encore palpitante;
Qu'un prêtre, s'enfonçant dans l'horreur des
tombeaux,
D'un corps rongé de vers engloutit les
lambeaux (a).

Mais parce que les Indiens n'ont rien offert de semblable, l'Anglois en est-il moins coupable ? Le crime de sa cupidité ne vaut-il pas seul

---

(a) Les Mois, poëme, chant VI.

tous ceux dont l'Espagnol s'est
souillé dans la conquête du nouveau
monde ? Je vous laisse à cette pensée, Madame ; elle mérite de vous
occuper. Peut-être finirez-vous comme moi, par sentir vos yeux hu-
mectés de quelques larmes.

LETTRE CXXV.

De Maxoudabad.

Vous ne connoîtriez qu'impar-
faitement, Madame, cette belle &
riche partie de l'Inde, si je négligeois
de vous donner un apperçu du climat
& de la variété des saisons. On y
jouit constamment d'un air favorable à la santé. Le vent du nord
y souffle pendant six mois, & celui

du midi lui succède avec la même constance. Pendant le règne de ce dernier la chaleur seroit insupportable, s'il ne venoit s'y mêler assez régulièrement tous les jours un vent d'occident qui rafraîchit l'air. Rappelez-vous que ma lettre précédente vous a parlé de pluies longues & périodiques. Leur chûte, il est vrai, commence & finit toujours par des tempêtes & des orages effroyables. Mais le tonnerre tombe rarement. Si-tôt que le tems de ces pluies est passé, l'air devient si clair, le ciel si serein, que pendant la plus grande partie de l'année, il ne paroît pas le plus léger nuage. A la fin de cette belle & longue saison, la terre desséchée s'entr'ouvre de toutes parts & reſſemble à un déſert ſtérile ; mais cinq ou ſix jours de pluie lui rendent ſa verdure riante & ſa première beauté, & telle eſt ſa fécondité, qu'elle fournit à tous les beſoins de la nature, quoiqu'il fût poſſible d'en obtenir encore davantage, ſi les Européens prenoient ſur eux le ſoin de la ſolliciter.

Faut-il vous parler des mœurs de ſes habitans ? Je les trouve fort officieux ; il eſt vrai qu'ils font payer bien cher leurs ſervices. On paſſeroit aſſez volontiers ſur cet inconvénient, s'ils ne s'appliquoient encore à augmenter leurs profits par le vol qu'ils exercent avec une habileté peu commune.

Une

Une chose m'a surpris, c'est la rigueur avec laquelle ils punissent l'adultère, jointe au peu de jalousie qui règne parmi eux. Ils ne s'offensent point des libertés que les étrangers prennent en leur présence avec leurs femmes ; & cependant si elles sont convaincues d'infidélité, on leur coupe le nez, de même qu'à celui dont elles ont écouté l'amour.

Les personnes riches ont un nombre d'esclaves qu'elles peuvent vendre sans les avoir achetés, parce que ce sont ordinairement des pauvres qui leur donnent un droit absolu sur leur personne & sur leur vie, en entrant à leur service. Il est vrai aussi que les

Soubas qui font tous de la religion mahométane s'opposent à cette odieuse tyrannie. Ils ne souffrent pas non plus que ces esclaves vendent leurs femmes & leurs enfans, comme l'usage établi le leur permettoit. D'autres les louent à trente sols par mois. Pour cette somme modique, un étranger prend une Indienne qui lui sert de femme & de servante, & qui s'estime heureuse de lui donner des enfans. On dit qu'elles les mettent au monde avec si peu de peine, qu'un quart d'heure après l'accouchement, elles reprennent leurs fonctions domestiques & conjugales.

LETTRE CXXVI.

De Bisnapore.

Tout ce que je vous ai raconté de la domination Angloise dans le Bengale à dû vous affliger, Madame: votre ame compatissante aura partagé les maux qu'un gouvernement despotique & monopoleur a fait souffrir aux trop pacifiques Indiens. Je veux rafraîchir votre imagination & consoler votre ame par un tableau plus digne des cœurs amis de l'humanité. Un petit district, qui au milieu du despotisme dont l'Inde est depuis long-tems la victime, s'est heureusement dérobé à la tyrannie des conquérans,

& le Bengale dont il fait partie, y retrouve la douceur & la liberté du gouvernement, qui dans les tems anciens fut sans doute celui de l'Inde entière.

Ce canton fortuné, qui peut avoir cent soixante milles d'étendue, se nomme Bisnapore. Il est conduit de tems immémorial par une famille Bramine de la tribu des Lajeputes. On a vu jusqu'ici avec trop d'indifférence ce gouvernement unique, le plus beau monument & le plus intéressant qu'il y ait dans le monde. Il ne nous reste des anciens peuples que de l'airain & des marbres, qui ne parlent qu'à l'imagination & à la conjecture, interprêtes peu fidèles des mœurs &

des usages qui ne sont plus. Le philosophe, transporté dans le Bisnapore, se trouve tout-à-coup témoin de la vie que menoient, il y a plusieurs milliers d'années, les premiers habitans de l'Inde ; il converse avec eux ; il suit les progrès de cette nation, qui fut célèbre pour ainsi dire, au sortir du berceau. Il voit se former un gouvernement, qui n'ayant pour base que des préjugés heureux, que des mœurs simples & pures, que la douceur des peuples, que la bonne foi des chefs, a survécu à cette foule innombrable de législations, qui n'ont fait que paroître sur la terre avec les générations qu'elles ont tourmentées. Plus solide, plus durable que ces édifices politiques, qui, formés par l'imposture & l'enthousiasme, sont les fléaux du genre humain, & destinés à périr avec les folles opinions qui les ont élevés, le gouvernement de Bisnapore, ouvrage de l'attention qu'on a donnée à l'ordre & aux loix de la nature, s'est établi, s'est maintenu sur des principes qui ne changent point, & n'a pas souffert plus d'altération que ces mêmes principes. La position singulière de cette contrée a conservé ses habitans dans leur bonheur primitif & dans la douceur de leur caractère, en les garantissant du danger d'être conquis, ou de tremper leurs mains dans le sang des hommes. La nature les a environnés d'eaux prêtes à inonder leurs poffeffions; il ne faut pour cela qu'ouvrir les éclufes des rivières. Les armées envoyées pour les réduire, ont été fi fouvent noyées, qu'on a renoncé au projet de les affervir; on a pris le parti de fe contenter d'une apparence de foumiffion.

La liberté & la propriété font facrées dans le Bifnapore. On n'y entend parler ni de vol particulier, ni de vol public. Un voyageur, quel qu'il foit, n'y eft pas plutôt entré, qu'il fixe l'attention des loix qui fe chargent de fa fûreté. On lui donne gratuitement des guides, qui le conduifent d'un lieu à un autre, & qui répondent de sa personne & de ses effets. Lorsqu'il change de conducteur, les nouveaux donnent à ceux qu'ils relèvent, une attestation de leur conduite, qui est enregistrée & envoyée ensuite au Raja. Tout le tems qu'il est sur le territoire, il est nourri & voituré avec ses marchandises aux dépens de l'état, à moins qu'il ne demande la permission de séjourner plus de trois jours dans la même place. Il est alors obligé de payer sa dépense, s'il n'est pas retenu par quelque maladie, ou par un autre accident forcé.

Cette bienfaisance pour les étrangers est la suite du vif intérêt que les citoyens prennent les uns aux autres. Ils font si éloignés de se nuire, que celui qui trouve une bourse ou quelqu'autre effet de prix, le suspend au premier arbre, & en avertit le corps de garde le plus prochain, qui l'annonce au public au son du tambour. Ces principes de probité sont si généralement reçus, qu'ils dirigent jusqu'aux opérations du gouvernement. De sept à huit millions qu'il reçoit annuellement, sans que la culture ou l'industrie en souffrent, ce qui n'est pas consommé par les dépenses indispensables de l'état, est employé à son amélioration. Le Raja peut se livrer à des soins si humains, parce qu'il ne donne aux Mogols que le tribut qu'il juge à propos, & quand il le juge à propos.

C'eſt ici, Madame, qu'il me ſeroit doux de vivre & de mourir. Le bonheur que je n'ai trouvé nulle part, habite dans le Biſnapore; tant il eſt vrai qu'il ne peut être jamais que le produit des bonnes loix & des ſages gouvernemens.

LETTRE CXXVII.

De Bénarès.

JE m'étois fait d'avance, Madame, un grand plaisir de visiter cette école fameuse des anciens Brachmanes que les Zoroastre & les Pythagore vinrent consulter. Les siècles, les conquêtes & la tyrannie l'ont changée & défigurée sans doute, mais ils n'ont pu l'anéantir tout-à-fait. Bénarès est encore debout. Quoique cette ville ne soit plus le siège des sciences & de la religion des Indiens, peut-être mériteroit-elle que les philosophes modernes, comme les philosophes anciens entreprissent du fond de l'Europe des voyages pour venir s'inſtruire dans ſon ſein.

Ce qui m'intéreſſe ſur-tout à Bénarès, c'eſt la penſée que cette ville eſt peut-être la plus ancienne du monde, & l'eſpérance d'y trouver encore de vrais ſavans. On m'aſſure à la vérité, que ceux-ci y ſont cachés & en petit nombre; Les Tartares qui ont pluſieurs fois ſubjugué ce beau pays, & les Anglois ſur-tout qui en ſont devenus les tyrans, & l'ont incorporé au Bengale, tout en épargnant Bénarès, ont renverſé ſon académie & détruit ſes écoles. La lumière s'enfuit devant les conquérans & les deſpotes. Mais enfin les ruines même d'un grand édifice forment

encore

encore un spectacle intéressant, & l'homme éclairé y a retrouvé plus d'une fois des dimensions, à l'aide desquelles sa pensée a refait le monument tout entier.

Bénarès est placé sur les rives du Gange, aux confins du Bengale & de l'Indostan. Les maisons presque toutes bâties de brique ou de pierre de taille, y sont plus élevées que dans les autres villes des Indes que j'ai parcourues. Cette hauteur des maisons & le peu de largeur des rues est une combinaison adroite qu'on seroit bien aise de retrouver dans toutes les villes placées sous un ciel où luit un soleil toujours ardent. Je reviens de visiter un caravanserai remarquable pour la grandeur & la beauté de l'édifice. La cour est partagée par deux galeries, où l'on vend des toiles, des étoffes de soie , & d'autres marchandises qui se fabriquent dans le pays. C'est de la main des ouvriers même qu'on les achète ; mais avant que de les exposer en vente, ils sont obligés sous les peines les plus rigoureuses, d'y faire imprimer le sceau du prince, par le chef de la ferme.

Après ce caravanserai, l'édifice qui m'a le plus intéressé, c'est la principale pagode, qui, de même que tous les temples Indiens, a la figure d'une croix. Ses quatre branches sont égales. Au milieu s'élève un dôme en forme de tour ; & chaque extrêmité de la croix est terminée par une autre tour plus petite qui sert d'escalier. On a pratiqué aux différens étages des balcons pour prendre le frais ; les dehors sont ornés de figures en relief de toutes sortes d'animaux très-mal dessinés. Sous le grand dôme, au centre de la pagode, est une table oblongue, qu'on pare diversement selon la solemnité du jour ; mais les étoffes ou les toiles dont elle est ornée, sont toujours très-précieuses. Quand on est hors du temple, on la voit en face avec toutes les idoles dont elle est chargée. C'est pour les filles & les femmes & pour quelques tribus particulières, à qui l'entrée de ce temple est défendue, qu'on a ménagé cette vue intérieure du dehors. Sans cette précaution, il leur auroit été impossible de porter leurs adorations à cette foule de divinités.

Entre les idoles placées sur cette table, il en est une plus grande que les autres, qui représente un ancien personnage que ses vertus ont rendu célèbre. On le nomme *Bainmadou*, & les Banians ont souvent ce nom à la bouche. Auprès de Bainmadou, est la figure de son cheval, ou plutôt d'un monstre nommé Garon, qui lui servoit de monture. Elle représente en partie un éléphant, un cheval & une mule. Je l'ai vue, & je la crois d'or massif. Tous les matins, au moment où la pagode s'ouvre, les Brames se prosternent le visage contre terre. La foule des pélerins arrive, & les prêtres frottent le front de chaque dévot d'une certaine liqueur jaune, que leurs prières ont consacrée. Et comme il faut sur-tout, pour être sanctifié se baigner dans le Gange & boire de ses eaux, on a pris soin de construire un escalier, par lequel on descend de la pagode jusqu'au fleuve. J'ai obtenu la permission d'y descendre aussi, & mon étonnement a été extrême, lorsque j'ai vu ce fleuve célèbre beaucoup moins large que la Seine à Paris. Il y a même si peu d'eau avant la saison des pluies, qu'il n'est pas possible aux bateaux de le remonter.

En arrivant sur les bords, j'ai vu boire de ces eaux; mais un missionnaire, auquel je me suis attaché & qui en connoît la propriété, m'en a empêché, en m'assurant qu'elles donnent de violentes tranchées à ceux qui n'y sont pas accoutumés. Il est vrai que les étrangers qui ont des comptoirs sur le fleuve, ne manquent jamais de faire bouillir cette eau avant que d'en boire; cette précaution la dépouille de toute qualité malfaisante. L'habitude la rend si saine pour les naturels, que la cour même de Maxoudabad n'en veut point d'autre. Un grand nombre de chameaux est sans cesse occupé à faire cette provision.

Il est encore ici d'autres pagodes très-riches, & toutes placées de même sur les rives du fleuve. Ne m'en demandez pas la description, Madame. Des détails trop uniformes vous donneroient bientôt de l'ennui. Je me contenterai de vous dire que tous ces édifices sont le fruit de la généreuse superstition des Indiens, qui s'imaginent honorer leurs dieux, à proportion de la grandeur des présens qu'ils leur offrent. On peut juger encore du revenu des pagodes par la multitude des caravanes pieuses, qui ne sont interrompues dans aucune saison de l'année. A certaines fêtes, qui durent plusieurs jours, on voit un concours de cent mille personnes qui viennent ici se laver dans le Gange. Mais la grande vertu de ce fleuve, la seule même qui puisse le rendre estimable, c'est qu'il roule de l'or dans ses sables, qu'il en jette sur le rivage, & fournit aussi quelquefois des pierres précieuses.

LETTRE CXXVIII.

D'Agra.

Quoique par le nom générique d'Indes orientales, on entende communément ces vastes régions qui sont au-delà de la mer d'Arabie & du royaume de Perse, cependant, Madame, l'Indostan n'est que le pays renfermé entre l'Indus & le Gange, deux fleuves célèbres, qui vont se jeter dans les mers des Indes, à quatre cents lieues l'un de l'autre. Ce long espace est traversé du nord au midi, par une chaîne & par des ramifications de hautes montagnes, qui, le coupant par le milieu, vont se terminer au cap

Comorin, en féparant la côte de Malabar de celle de Coromandel.

Par une fingularité frappante & peut-être unique, cette chaîne eſt une barrière que la nature femble avoir élevée entre les faifons oppofées. La feule épaiffeur de ces montagnes y fépare l'été de l'hiver, c'eſt-à-dire la faifon des beaux jours de celle des pluies ; car on fait qu'il n'y a point d'hiver entre les Tropiques. Mais par ce mot, on entend aux Indes le tems de l'année, où les nuages, que le foleil fait élever du fein de la mer, font pouffés violemment par les vents contre les montagnes, s'y brifent & fe réfolvent en pluies, accompagnées de fréquens orages. De-là fe forment des torrens qui se précipitent, grossissent les rivières, inondent les plaines. Tout nage alors dans des ténèbres humides, épaisses & profondes. Le jour même est obscurci des plus noires vapeurs. Mais semblable à l'abîme, qui couvroit les germes du monde avant la création, cette saison nébuleuse est celle de la fécondité. C'est alors que les plantes & les fleurs ont plus de sève & de fraîcheur ; c'est alors que la plupart des fruits parviennent à leur maturité.

L'été, sans doute, conserve mieux son caractère que l'hiver dans cette région du soleil. Le ciel, sans aucun nuage qui intercepte ses rayons, y présente l'aspect d'un airain embrasé.

G v

Cependant les vents de mer, qui s'élèvent pendant le jour, & les vents de terre qui soufflent pendant la nuit, y tempèrent l'ardeur de l'atmosphère par une alternative périodique. Mais les calmes, qui règnent par intervalle, étouffent ces douces haleines, & laissent souvent les habitans en proie à une sécheresse dévorante.

L'influence des deux saisons est encore plus marquée, par-tout où on les distingue sous le nom de mousson sèche & pluvieuse. Tandis que le soleil revenant sur ses pas, amène au printems la saison des tempêtes & des naufrages pour la mer qui baigne la côte de Malabar; celle de Coromandel voit les plus légers vaisseaux voguer sans aucun risque, sur une mer tranquille, où les pilotes n'ont besoin ni de science, ni de précaution. Mais l'automne à son tour, changeant la face des élémens, fait passer le calme sur la côte occidentale, & les orages sur la mer orientale des Indes ; transporte la paix où étoit la guerre, & la guerre où étoit la paix. L'insulaire de Ceylan, les yeux tournés vers la région de l'équateur, aux deux saisons de l'équinoxe, voit alternativement les flots tourmentés à sa droite & paisibles à sa gauche ; comme si la nature tournoit tout-à-coup, en ces deux momens d'équilibre, la balance des fléaux & des bienfaits. Peut-être même est-ce dans l'Inde, où les deux empires du bien & du mal semblent n'être séparés que par un rempart de montagnes, qu'est né le dogme des deux principes : car la douleur & le plaisir sont la source de tous les cultes, comme l'origine de toutes les idées.

Telle est la liaison entre les loix & physiques & morales, que le climat a jeté par-tout les premiers fondemens des systêmes de l'esprit humain sur les objets importans au bonheur. Ainsi les Indiens sur l'imagination desquels la nature fait les plus profondes impressions, par les plus fortes influences du bien & du mal, par le spectacle continuel du combat des élémens, les

Indiens ont été placés dans la position la plus féconde en révolutions, en événemens, en faits de toute espèce.

Aussi la philosophie & l'histoire se sont long-tems occupées des célèbres contrées de l'Inde, & leurs conjectures ont prodigieusement reculé l'époque de l'existence de ses premiers habitans. En effet, soit que l'on consulte les monumens historiques, soit que l'on considère la position de l'Indostan sur ce globe, tenant par une chaîne de hautes montagnes au plateau le plus élevé du continent & le plus éloigné des invasions de la mer, on conviendra que c'est le séjour le plus assuré pour ses habitans, & un des pays de la terre le plus anciennement peuplé; l'origine de la plupart de nos sciences va se perdre dans son histoire. Les Grecs alloient s'instruire dans l'Inde, même avant Pythagore. Les plus anciens peuples commerçans y trafiquoient pour en rapporter des toiles, ce qui prouve combien l'industrie y avoit fait de progrès.

En général ne peut-on pas dire que le climat le plus favorable à l'espèce humaine est le plus anciennement peuplé? Un climat doux, un air pur, un sol fertile, & qui produit presque sans culture, ont dû rassembler les premiers hommes. Si le genre humain a pu se multiplier & s'étendre dans des régions affreufes, où il a fallu lutter fans ceffe contre la nature ; fi des fables brûlans & arides, des marais impraticables, des glaces éternelles ont reçu des habitans ; fi nous avons peuplé des déferts & des forêts, où il a fallu fe défendre contre les élémens & les bêtes féroces, avec quelle facilité n'a-t-on pas dû fe réunir dans ces contrées délicieufes, où l'homme exempt de befoins, n'avoit que des plaifirs à defirer ; où jouiffant fans travail & fans inquiétude, des meilleures productions & du plus beau fpectacle de l'univers, il pouvoit s'appeler à jufte titre, l'être par excellence & le roi de la nature ? Telles étoient les rives du Gange & les belles contrées de l'Indoſtan : les fruits délicieux y parfument l'air, & fourniſſent une nourriture ſaine & rafraîchiſſante ; des arbres y préſentent des ombrages impénétrables à la chaleur du jour. Tandis que les eſpèces vivantes qui couvrent ce globe ne peuvent ſubſiſter ailleurs qu'à force de ſe détruire ; dans l'Inde elles partagent avec leur maître, l'abondance & la ſûreté. Aujourd'hui même que la terre devroit y être épuiſée par les productions de tant de ſiècles, & par leur conſommation dans des régions éloignées, l'Indoſtan, ſi l'on en excepte un petit nombre de lieux ingrats & ſablonneux, eſt encore le pays le plus fertile du monde.

LETTRE CXXIX.

D'Agra.

L'Inde, Madame, n'eſt pas moins extraordinaire dans le moral que dans le phyſique. Lorſqu'on arrête ſes regards ſur cette vaſte contrée, on ne peut voir ſans douleur, que la nature y a tout fait pour le bonheur de l'homme, & que l'homme y a tout fait contre elle. La fureur des conquêtes & un autre fléau non moins deſtructeur, l'avidité des commerçans, ont ravagé tour-à-tour & opprimé le plus beau pays de l'univers.

Au milieu des brigands féroces, & de ce ramas d'étrangers que la guerre & l'avidité ont attirés dans l'Inde, on en démêle aifément les anciens habitans. La couleur de leur teint & leur forme extérieure les diftinguent encore moins que les traits particuliers de leur caractère. Ce peuple écrafé fous le joug du defpotifme, ou plutôt de l'anarchie la plus extravagante, n'a pris ni les mœurs, ni les loix, ni la religion de fes tyrans. Le fpectacle continuel de toutes les fureurs de la guerre, de tous les excès & de tous les vices dont la nature humaine eft capable, n'a pu corrompre fon caractère doux, humain, timide; rien n'a pu familiarifer un Indien avec la vue du fang, ni lui infpirer le courage &

le sentiment de la révolte. Il n'a que les vices de la foiblesse.

Le voyageur éclairé, qui, en parcourant les plaines de l'Egypte, voit épars dans la campagne des tronçons de colonnes, des statues mutilées, des entablemens brisés, des pyramides immenses échappées aux ravages des guerres & des tems, contemple avec admiration ces restes d'une nation qui n'existe plus. Il ne trouve plus que la place de cette Thèbes aux cent portes, si célèbre dans l'antiquité : mais les débris de ses temples & de ses tombeaux lui donnent une plus haute idée de sa magnificence que les récits d'Hérodote & de Diodore.

Quand j'examine avec attention tout ce qui s'offre à moi dans les mœurs des naturels de l'Inde, je crois marcher fur des monceaux de ruines. Ce font les débris d'un édifice immenfe. L'enfemble en eft détruit ; mais ces débris épars atteftent la grandeur & la régularité du plan. Au travers de fuperftitions abfurdes, de pratiques puériles & extravagantes, d'ufages & de préjugés bifarres, on apperçoit ces traces d'une morale fublime, d'une philofophie profonde, d'une police très-rafinée : & lorfqu'on veut remonter à la fource de ces inftitutions religieufes & fociales, on voit qu'elle fe perd dans l'obfcurité des tems. Les traditions les plus anciennes présentent les Indiens comme le peuple le plus anciennement éclairé & civilisé. Mais le syftême de sa législation n'a jamais été connu. Il paroît que les anciens eux-mêmes n'en ont vu que les ruines. Je retrouve dans l'Inde, les tiges d'une multitude de superstitions, d'arts, de jeux, d'erreurs & de vérités de toute espèce, qui ont été adoptés de presque tous les peuples.

Les Indiens ont perdu eux-mêmes la trace de leur religion & de leur police. Ils sont restés attachés à des usages, qui ne pouvoient être établis que sur un ordre de choses qui n'existe plus. L'esprit qui animoit le corps politique a péri, & toutes les parties se sont altérées ou corrompues. Une religion allégorique & morale a dégénéré en un amas de superstitions extravagantes & obscènes ; parce qu'on a réalisé des fictions qui n'étoient que des symboles & des emblêmes.

Peut-être parviendroit-on à dissiper quelques-uns des nuages, qui voilent tant de mystères, s'il étoit possible d'obtenir la communication des livres sacrés, le seul monument qui reste de l'antiquité Indienne : mais qui peut espérer cette marque de confiance ?

L'empereur Mahmoud Akbar eut la fantaisie de s'instruire des principes de toutes les religions répandues dans ses vastes provinces.

Dégagé

Dégagé des superstitions dont l'éducation Mahométane l'avoit préoccupé, il voulut juger par lui-même. Rien ne lui fut plus facile que de connoître tous les cultes, qui ne demandent qu'à faire des prosélytes: mais il échoua dans ses desseins, quand il fallut traiter avec les Indiens, qui ne veulent admettre personne dans la communion de leurs mystères.

Toute la puissance & les promesses d'Akbar ne purent déterminer les Bramines à lui découvrir les dogmes de leur religion. Ce prince recourut donc à l'artifice. L'expédient qu'il imagina, fut de faire remettre à ces prêtres un enfant nommé Feizi, comme un pauvre orphelin de la race sacerdotale, la seule qui puisse être admise aux saints mystères de la théologie. Feizi, bien instruit du rôle qu'il devoit jouer, fut secretement envoyé à *Bénarès*, le siège des sciences de l'Indostan. Il fut reçu par un savant Bramine qui l'eleva avec autant de tendresse, que s'il eût été son fils. Après dix ans d'études, Akbar voulut faire revenir le jeune homme ; mais celui-ci épris des charmes de la fille du Bramine, son instituteur, ne savoit s'il devoit préférer les faveurs de son amante, aux faveurs du prince.

Les femmes de la race sacerdotale passent pour les plus belles femmes de l'Indostan. Le vieux Bramine ne s'opposa pas aux progrès de la passion des deux amans. Il aimoit Feizi, qui avoit gagné son cœur par ses manières & sa docilité, & il lui donna sa fille en mariage. Alors le jeune homme, partagé entre l'amour & la reconnoissance, ne voulut pas continuer plus long-tems la supercherie. Tombant aux pieds du Bramine, il lui découvre la fraude, & le supplie de lui pardonner son crime.

Le prêtre sans lui faire aucun reproche, saisit un poignard qu'il portoit à sa ceinture ; il alloit s'en frapper, si Feizi n'eût arrêté son bras. Ce jeune homme mit tout en usage pour le calmer, protestant qu'il étoit prêt à tout faire pour expier fon infidélité. Le Bramine fondant en larmes, promit de lui pardonnner, s'il vouloit jurer de ne jamais traduire les *bédas* ou livres faints, & de ne jamais révéler à perfonne le fymbole de la croyance des Bramines. Feizi promit tout fans héfiter. On ignore s'il obferva fidèlement fa parole : mais jufqu'ici, ni lui, ni perfonne n'a traduit les livres faints de l'Inde.

Les Bramines, qui feuls entendent la langue du livre facré, font de fon texte l'ufage qu'on a fait en tout tems des livres religieux. Ils y trouvent toutes les maximes que l'imagination, l'intérêt, les paffions & le faux zèle leur fuggèrent. Ces fonctions exclufives d'interprêtes de la religion leur ont donné sur les peuples un pouvoir sans bornes, tel que doivent l'avoir des imposteurs & des fanatiques, sur des hommes qui n'ont pas la force d'écouter leur raison & leur cœur.

Depuis l'Indus jusqu'au Gange, tous les peuples reconnoissent le *vedam*, pour le livre qui contient les principes de leur religion ; mais la plupart d'entr'eux diffèrent sur plusieurs points de dogme & de pratique. L'esprit de dispute & d'abstraction, qui gâta pendant tant de siècles la philosophie de nos écoles, a bien fait plus de progrès dans celle des Bramines.

Dans tout l'Indostan, les loix politiques, les usages, les manières même font une partie de la religion ; parce que tout vient de Brama, être fort élevé au-dessus de la nature de l'homme, interprête de la divinité, auteur des livres sacrés, & le grand législateur de l'Inde.

On pourroit croire que ce Brama étoit souverain ; parce qu'on trouve dans ses institutions religieuses, l'intention d'inspirer aux peuples un profond respect, un grand amour pour leur pays ; il montre dans toute sa morale le desir de corriger le vice du climat. Peu de religions semblent avoir été aussi propres aux régions pour lesquelles elles ont été instituées. C'est de lui que les Indiens tiennent cette vénération religieuse, qu'ils ont encore pour les trois grands fleuves de l'Indoſtan ; l'Indus, le Kriſna & le Gange. C'eſt lui qui a rendu ſacré l'animal le plus néceſſaire à la culture des terres, le bœuf, & la vache dont le lait eſt une nourriture ſi ſaine dans les pays chauds.

On lui attribue la diviſion du peuple en tribus ou *caſtes*, ſéparées les unes des autres par des principes de politique & de religion. Cette inſtitution eſt antérieure à toutes les traditions, à tous les monumens connus, & peut être regardée comme la preuve la plus frappante de la prodigieuſe antiquité des Indiens. Rien ne paroit plus contraire aux progrès naturels de la ſociété, que cette diſtinction de classes parmi les membres d'un même état. Une semblable idée n'a pu être fondée que sur un système réfléchi de législation, qui suppose déjà un état de civilisation & de lumières très-avancé. Mais ce qu'il y a de plus extraordinaire encore, c'est que cet usage se soit conservé tant de siècles, après que le principe & le lien en ont été détruits. C'est un exemple frappant de la force des préjugés nationaux, sanctifiés par des idées religieuses.

La nation est divisée en quatre classes ; les Bramines, les gens de guerre, les laboureurs & les artisans. Ces classes sont subdivisées encore.

Il y en a plusieurs de Bramines. Les uns répandus dans la société, sont ordinairement fort corrompus. Persuadés que les eaux du Gange les purifient de tous leurs crimes, & n'étant pas soumis à la jurisdiction civile, ils n'ont ni frein, ni vertu. Seulement on leur trouve encore de cette compassion, de cette charité, si ordinaire dans le doux climat de l'Inde.

Les autres vivent séparés du monde, & ce sont des imbécilles ou des enthousiastes, livrés à l'oisiveté, à la superstition, au délire de la métaphysique ; on retrouve dans leurs disputes les mêmes idées que dans nos plus fameux métaphysiciens, la substance, l'accident, l'immutabilité, l'ame vitale & sensitive ; avec cette différence que ces découvertes sont très-anciennes dans l'Inde, & qu'il n'y a que fort peu de tems que Pierre Lombard, Saint Thomas, Leibnitz, Mallebranche étonnoient l'Europe par leur facilité à trouver ces rêveries. Et encore de nos jours, quelques médecins qui passent pour philosophes, cherchent à faire ressusciter les systêmes de l'ame vitale & sensitive. Comme cette méthode de raisonner par abstraction nous est venue des philosophes Grecs, sur lesquels nous avons bien renchéri; on peut croire que les Grecs eux-mêmes devoient ces connoissances ridicules aux Indiens.

Tels sont les Brames, ces descendans des anciens Brachmanes, dont l'antiquité ne parle qu'avec admiration ; car l'affectation de l'austérité & du mystère, & le privilege de parler au nom du ciel, en ont imposé au vulgaire dans tous les siècles. C'est à eux que les Grecs attribuoient le dogme de l'immortalité de l'ame, les idées sur la nature du grand être, sur les peines & les récompenses futures. A toutes ces connoissances, qui flattent d'autant plus la curiosité de l'homme, qu'elles sont au-dessus de sa foiblesse, les Brachmanes joignoient une infinité de pratiques religieuses, que Pythagore adopta dans son école, le jeûne, la prière, le silence, la contemplation : vertus de l'imagination qui frappent plus

la multitude que les vertus utiles & bienfaisantes. On regardoit les Brachmanes comme les amis des dieux, parce qu'ils paroissoient s'en occuper beaucoup ; & comme les protecteurs des hommes, parce qu'ils ne s'en occupoient point du tout. Aussi le respect & la reconnoissance leur étoient-ils prodigués sans mesure. Les princes mêmes dans les circonstances difficiles, alloient consulter ces solitaires, à qui l'on supposoit le secours de l'inspiration, puisqu'on ne pouvoit pas leur supposer les lumières de l'expérience. Il est cependant difficile de croire qu'il n'y eût point, parmi ces Brachmanes, des hommes véritablement vertueux. Ce devroient être ceux qui
trouvoient

trouvoient dans l'étude & la science, les alimens d'un esprit doux & d'une ame pure, & qui en s'élevant par la pensée vers le grand être qu'ils cherchoient, ne voyoient dans cette contemplation sublime, qu'une raison de plus pour se rendre dignes de lui, & non pas un titre pour tromper & tyranniser les humains.

De tems immémorial les Brames, seuls dépositaires des livres, des connoissances & des réglemens, tant civils que religieux, en avoient fait un secret que la présence de la mort, au milieu des supplices, ne leur avoit point arraché. Il n'étoit aucune sorte de terreurs & de séductions auxquelles ils n'eussent résisté, lorsque tout récemment M. Hastings, Gouverneur Général des établiffemens Anglois dans le Bengale, & le plus éclairé des Européens qui foient paffé aux Indes, devint poffeffeur du code des Indiens. Il féduifit quelques Brames, & fit fentir à d'autres le ridicule & les inconvéniens de leur myftérieufe réferve. Les vieillards, que leur expérience & leurs études avoient élevés au-deffus des préjugés de leur cafte, fe prêtèrent à fes vues, dans l'efpérance d'obtenir un plus libre exercice de leur religion & de leurs loix. Ils étoient au nombre de onze, dont le plus âgé paffoit quatre-vingts ans, & le plus jeune n'en avoit pas moins de trente-cinq. Ils compulsèrent dix-huit auteurs originaux Samskrets. (Le *Samskret* ou le *Hanscrit* est une langue tout-à-fait différente de l'Indienne ordinaire, & n'est su que des Brames & des *pendets* ou savans. C'est dans cette langue que sont écrits tous les livres religieux : aussi l'appelle-t-on langue sainte & divine.) Le recueil de sentences extraites de ces divers auteurs, fut traduit sous les yeux des Brames, en Persan, & du Persan en Anglois, par Alhed. Pour donner à l'ouvrage l'exactitude & la sanction qu'on pouvoit desirer, on appela des différentes contrées du Bengale les plus habiles d'entre les pundits ou Brames jurisconsultes. Voici l'histoire abrégée de la création du monde, &

de la première formation des castes, telle que ces religieux compilateurs l'ont exposée à la tête du code civil.

« Brama aime dans ce pays la
» forme du culte qu'on y observe.
» Il écoute, dans la mosquée, le
» dévot qui récite des prières, en
» comptant des grains. Il est présent
» dans les temples, à l'adoration des
» idoles. Il est l'intime du Musulman
» & l'ami de l'Indien ; le compagnon
» du chrétien, & le confident du
» Juif. Les hommes, qu'il a doués
» d'une ame élevée, ne voient dans
» les contrariétés des sectes & la
» diversité des cultes religieux, qu'un
» des effets de la richesse qu'il a dé-
» ployée dans l'œuvre de la création.

» Le principe de la vérité, ou

» l'être suprême, avoit formé la
» terre & les cieux, l'eau, l'air &
» le feu, lorsqu'il engendra Brama.
» Brama est l'esprit de Dieu. Il est
» absorbé dans la contemplation de
» lui-même. Il est présent à chaque
» partie de l'espace. Il est un. Sa
» science est infinie ; elle lui vient
» par inspiration. Son intelligence
» comprend tout ce qui est possible.
» Il est immuable. Il n'est pour lui
» ni passé, ni présent, ni futur. Il
» est indépendant. Il est séparé de
» l'univers, il anime les opérations
» de Dieu. Par cet esprit, l'univers
» est doué des puissances de la vo-
» lonté & des puissances de l'action.
» Si cet esprit vient du cœur, par
» le canal de l'oreille, il produit

» la perception de l'ouie ; par le
» canal de la peau, la perception
» du toucher ; par le canal de la
» langue, la perception du goût ;
» par le canal du nez, la perception
» de l'odorat. Cet esprit anime les
» cinq membres d'action, les cinq
» membres de perception, les cinq
» sens, & cause la création ou l'anéan-
» tissement des choses, contemplant
» le tout en spectateur indifférent.

» Brama engendre de sa bouche
» la sagesse ou le brame, dont la
» fonction est de prier, de lire &
» d'instruire ; de son bras, la force,
» ou le guerrier & le souverain qui
» tirera de l'arc, gouvernera &
» combattra ; de son ventre, de ses
» cuisses, la nourriture ou l'agri-

» culture & le commerçant ; de ses
» pieds, la servitude, ou l'artisan
» & l'esclave, qui passera sa vie à
» obéir, à travailler, & à voyager ».

Vous voyez, Madame, que la distinction des quatre premières castes est censée aux Indes aussi vieille que le monde & qu'on la croit d'institution divine.

Le Brame est tellement enorgueilli de son origine, qu'il croiroit se dégrader en ambitionnant la magistrature ou la souveraineté, tant il est parvenu à rendre au peuple ses chaînes respectables, en l'en chargeant au nom de la divinité. A l'aide de ce moyen, il s'est assuré cette injuste & révoltante prééminence, que dans tous les tems, l'homme-prêtre a ufurpée fur les autres conditions de la fociété.

LETTRE CXXX.

D'Agra.

LA claffe des hommes de guerre, Madame, eft répandue par toute l'Inde, fous différentes dénominations. On les appelle *Nairs* au Malabar, & *Rajas* à la côte de Coromandel. Ces Naïrs font bien faits & braves, mais ils font orgueilleux, efféminés & fuperftitieux. Quelques-uns des plus heureux fe font formé de petits États. Le plus grand nombre commande ou obéit dans les camps. Leur pente au brigandage, aux violences, est généralement connue ; & c'est sur les grands chemins sur-tout qu'ils se livrent à ces passions. Aussi nul voyageur prudent qui ne se fasse accompagner par quelqu'un d'entr'eux. Ceux qu'on paie pour ce service, se laisseroient plutôt massacrer que de survivre à l'étranger qui se seroit mis sous leur protection ; s'ils trahissoient cette confiance, leurs plus proches parens les mettroient en pièces. Ces mœurs sont particulières au Malabar.

Indépendamment de la caste des guerriers, il est des peuples, tels que les Canarins & les Marattes, qui se permettent généralement la profession militaire, soit qu'ils descendent de quelques tribus vouées originairement aux armes, soit que le tems & les circonstances aient altéré parmi eux les institutions primitives.

La troisième classe est celle de tous les hommes, qui cultivent la terre. Il y a peu de pays où ils méritent plus la reconnoissance de leurs concitoyens. Ils sont laborieux, industrieux ; ils entendent parfaitement la manière de distribuer les eaux, & de donner à la terre brûlante qu'ils habitent, toute la fertilité dont elle est susceptible. Ils sont dans l'Inde, ce qu'ils seroient par-tout, les plus honnêtes & les plus vertueux des hommes, lorsqu'ils ne sont ni corrompus ni opprimés. Cette claſſe, autrefois très-reſpectée, étoit à l'abri de la tyrannie & des fureurs de la guerre. Jamais les laboureurs n'étoient obligés de prendre les armes. Leurs terres & leurs travaux étoient également ſacrés. On les voyoit tracer tranquillement des ſillons, à côté de deux armées féroces, qui ne troubloient point l'agriculture. Jamais on ne mettoit le feu au bled ; jamais on n'abattoit les arbres ; & la religion toute-puiſſante venoit ainſi au ſecours de la raiſon, qui, à la vérité, enſeigne qu'il faut protéger les travaux utiles ; mais qui toute ſeule, n'a pas aſſez de force pour faire exécuter tout ce qu'elle enſeigne.

La tribu des artisans se subdivise en autant de classes qu'il y a de métiers On ne peut jamais quitter le métier de ses parens. Voilà pourquoi l'industrie & l'esclavage s'y sont perpétués ensemble & de concert, & y ont conduit les arts au degré où ils peuvent atteindre, lorsqu'ils n'ont pas le secours du goût & de l'imagination, qui ne naissent guère que de l'émulation & de la liberté.

A cette caste infiniment étendue, appartiennent deux professions remarquables par quelques usages très-particuliers ; l'une est celle des seuls ouvriers auxquels il soit permis de creuser des puits & des étangs. Ce sont les hommes les plus robustes & les plus laborieux de ces contrées. Leurs femmes partagent leurs travaux ; elles mangent même avec eux ; prérogative que dans tout l'Indostan, elles ne partagent qu'avec les compagnes des voituriers.

Ces derniers, auxquels tous les transports appartiennent, n'ont point de demeure fixe : ils parcourent la péninsule entière ; leur plus grande occupation consiste à conduire dans l'intérieur du pays, des troupes de bœufs, connues sous le nom de *boyades*. Soit usurpation, soit droit originaire, il font paître ces animaux sur toutes les routes sans rien payer. Ces *boyades* sont ordinairement composées de cinq à six cens bœufs, dont le plus grand nombre porte des marchandises & des provisions : les autres servent de monture aux femmes & aux enfans des conducteurs : ceux-ci me rappellent la vie des patriarches; je crois voir revivre dans eux Abraham, Isaac & Jacob Comme ces derniers, ces bonnes gens mènent avec eux leurs familles; les mères accouchent en route & allaitent leurs enfans qui naissent, vivent & meurent voyageurs. Le chef, à la tête d'une boyade, conduit la marche au son d'une espèce de flageolet à trois trous; & le soir, où il termine sa route, là le troupeau s'arrête.

Une des plus importantes fonctions de ces voituriers est de fournir des vivres aux armées. On les laisse librement traverser un camp pour pourvoir aux besoins d'un autre. Leurs personnes, leurs bêtes de sommes, les provisions mêmes qui leur appartiennent, tout est respecté. Seulement, s'il étoit prouvé que les vivres qu'ils conduisent appartinssent à l'ennemi, on les retiendroit; mais le reste continueroit paisiblement sa marche.

Outre ces tribus, on en compte une cinquième qui est le rebut de toutes les autres. Ceux qui la composent exercent les emplois les plus vils de la société : ils enterrent les morts, ils transportent les immondices, ils se nourrissent de la viande des animaux morts naturellement. L'entrée des temples & des marchés publics leur eſt interdite. On ne leur permet pas l'uſage des puits communs ; leurs habitations ſont à l'extrêmité des villes, ou forment des hameaux iſolés dans les campagnes, & il leur eſt même défendu de traverſer les rues occupées par des Bramines. Comme tous les Indiens, ils peuvent vaquer aux travaux de l'agriculture, mais ſeulement pour les autres caſtes ; & ils n'ont jamais des terres en propriété, ni même à ferme. Le mépris qu'on a pour eux, eſt tel que leur vie eſt réputée trop vile pour mériter la protection des loix : ſi par haſard un d'entr'eux touchoit une personne d'une autre tribu, celle-ci a le droit de le tuer sur le champ.

Tel est, même dans les contrées où une domination étrangère a un peu changé les idées, le sort de ces malheureux, connus à la côte de Coromandel, sous le nom de *Parias*. Leur dégradation est bien plus entière encore au Malabar, qui n'a pas été asservi par le Mogol. Sur cette côte, ils prennent le nom de Pouliats : je vous en parlerai lorsque je les aurai vus.

Les Européens, pour avoir vécu avec ces malheureux, comme on doit vivre avec des hommes, ont fini par inspirer aux Indiens une horreur presque égale. Cette horreur règne encore aujourd'hui dans l'intérieur des terres, où le défaut de communication nourrit des préjugés profonds, qui se dissipent peu-à-peu sur les côtes, où le commerce & les besoins rapprochent tous les hommes, & donnent nécessairement des idées plus justes de la nature humaine.

Toutes ces classes sont séparées à jamais par des barrières insurmontables : elles ne peuvent ni se marier, ni habiter, ni manger ensemble. Quiconque viole cette règle est chassé de la tribu qu'il a dégradée.

Vous vous attendez peut-être, Madame, à voir tomber ces barrières dans les temples. C'est-là qu'on devroit se souvenir que toutes les distinctions de la naissance sont d'institution humaine, & que tous les hommes sont frères, enfans du même Dieu : il n'en est pas ainsi : les dernières classes éprouvent les humiliations de leur état, jusques dans les pagodes. A la vérité, tout change lorsqu'on va en pélérinage, au grand temple de *Jagrenat*, le temple de l'Etre-Suprême. Là le Bramine, le Raja ou Nair, le laboureur & l'artisan portent ensemble leurs offrandes, boivent & mangent ensemble ; là, toutes les tribus sont confondues au pied des autels. Cependant on apperçoit encore que la tribu des artisans est la tribu la plus basse.

La religion, qui confacre cette inégalité parmi les Indiens, n'a pas fuffi pour les faire renoncer entièrement à la confidération dont jouiffent les claffes fupérieures. L'ambition naturelle s'eft fait quelquefois entendre & a infpiré à quelques efprits inquiets des moyens bien finguliers, pour partager avec les Bramines les refpects de la multitude. C'eft-là l'origine des moines connus dans l'Inde fous différens noms.

LETTRE CXXXI.

D'Agra.

Dans toutes les religions, Madame, on a vu des enthousiastes s'isoler dans les déserts, & passer leur vie dans les mortifications & les prières ; mais cette pieuse effervescence ne fut pas de longue durée. Les descendans de ces premiers anachorètes se rapprochèrent bientôt des villes, & paroissant ne s'occuper que de Dieu, leurs regards se portèrent avidement sur la terre ; ils voulurent être honorés, puissans & riches, quoiqu'ils affectassent le mépris des grandeurs, le désintéressement & l'humilité la plus profonde ; s'ils recueilloient de brillans héritages, ce n'étoit que pour empêcher qu'ils ne tombassent dans des mains profanes, ou pour faciliter aux hommes le moyen de gagner le ciel par l'exercice de la charité. S'ils bâtissoient des palais superbes, ce n'étoit pas pour se loger d'une manière agréable, mais pour élever un monument à la piété généreuse de leurs bienfaiteurs ; & comment ne pas les croire ? Ils avoient l'extérieur si recueilli, si pénitent ! leur mépris pour les jouissances passagères de ce monde paroissoit être de si bonne foi, qu'on les voyoit se livrer à toutes les douceurs de la vie, sans se douter qu'ils euſſent le moindre attachement aux plaiſirs.

Tels ont été les miniſtres de toutes les religions : c'eſt dans l'Inde particulièrement qu'on trouve encore de ces imaginations exaltées, qui ſe complaiſent dans les ſacrifices les plus pénibles, & dans les pratiques les plus auſtères. On compte pluſieurs de ces aſſociations religieuſes, où l'on eſt admis ſuivant la tribu où l'on eſt claſſé.

Il ſuffit de ſe livrer comme les Bramines, à la contemplation & à l'oiſiveté ; mais il faut les ſurpaſſer par des mortifications effrayantes, qui inſpirent une ſainte horreur au plus doux de tous les peuples. Les ſpectacles, que donnent ces fanatiques, étonnent l'imagination. Les uns se vautrent dans l'ordure, d'autres se font une cruelle habitude de tenir les bras élevés au-dessus de leur tête, de manière qu'ils ne puissent plus les baisser; quelques-uns sont debout sept ou huit jours de suite sur leurs jambes qui enflent prodigieusement. Ils font tous vœu de ne jamais se laver, ni peigner le poil qui couvre leur corps, & de contrarier, de défigurer la nature, pour mieux plaire à son auteur. Les respects de la multitude les dédommagent de ces sacrifices, dont n'approchent pas les mortifications de nos plus enthousiastes cénobites d'Europe. Courbé sous le poids de ses chaînes, étendu sur le fumier,

exténué

exténué de coups, de macérations, de veilles & de jeûnes, le faquir est un objet de vénération pour le peuple.

La plupart parcourent les campagnes, où ils jouissent des hommages de la multitude & des grands mêmes, qui, par politique ou par conviction, descendent souvent de leur éléphant, pour se prosterner aux pieds de ces hommes dégoûtans. De toutes parts on leur offre des fruits, des fleurs & des parfums. Ils demandent avec hauteur ce qu'ils desirent, & reçoivent comme un tribut ce qu'on leur présente, sans que cette arrogance diminue jamais la vénération qu'on leur a vouée. L'objet de l'ambition de ces moines consiste à amasser de quoi planter des arbres, de quoi creuser des étangs, de quoi réparer ou construire des pagodes.

Ceux d'entr'eux qui préfèrent le séjour des bois, voient accourir dans leur solitude des personnes du sexe, qui ne sont point d'un rang assez distingué pour vivre enfermées, & principalement celles qui n'ont point d'enfans ; souvent elles trouvent dans leur pélérinage la fin d'une stérilité, plus honteuse aux Indes que par-tout ailleurs.

Les villes attirent aussi & fixent les hommes de cet ordre dont la renommée a tant vanté les merveilles ; mais ils y vivent toujours sous des tentes ou à l'air libre. C'est là qu'ils reçoivent les respects qui leur sont prodigués, qu'ils se voient environnés d'une foule d'adorateurs, qui viennent à genoux solliciter des conseils & des prières. Rarement ces cénobites daignent-ils se transporter dans les palais où l'on se tiendroit bien honoré de leur présence. Si quelquefois ils cèdent aux supplications de quelques femmes du plus haut rang, leurs sandales qu'ils laissent à la porte, avertissent le mari qu'il ne lui est pas permis d'entrer. Je me suis cru en Espagne, où le même usage règne parmi les moines.

LETTRE CXXXII.

Parcourons un moment les différentes classes de religieux. La plus révérée est celle des *Saniassis* ou *Sanachis* : le peuple pour qui l'admiration semble un sentiment d'habitude, la regarde comme sainte. Le Saniassi est ou Brame ou Choutré : il se dévoue entièrement à la divinité ; il fait vœu d'être pauvre, chaste, & sobre ; ne possède rien, ne tient à rien, erre de tous les côtés, presque nud, la tête rasée, le dos & les reins couverts d'une simple toile jaune, ne vivant que d'aumônes, & ne mangeant que pour s'empêcher de mourir. Un

Indien de toutes les castes, à l'exception de celle des Parias, peut être Saniaſſis. Chaque ſecte a les ſiens; ils vivent comme vivoient les anciens Brachmanes dont j'ai eu l'honneur de vous parler, & ſuivent la même doctrine, ce qui feroit croire qu'ils deſcendent de ces anciens prêtres, que l'Indien dans les tems antiques, plaçoit à côté de Brama.

Les *Pandarons* diſputent d'honneur & de vénération avec les Saniaſſis. Ils ſont de la ſecte de *Chivem* ; ſe barbouillent toute la figure, la poitrine & les bras avec des cendres de bouze de vache. Ils parcourent les rues, demandent l'aumône, & chantent les louanges de Chiven, en portant un paquet de plumes de paon à la main & le lingam pendu au col ; pour l'ordinaire, ils ont quantité de colliers & de braſſelets d'*outrachon* ; c'eſt la ſemence d'un fruit aigre, qui ne croît qu'au nord de l'Inde. On l'appelle également noyau de routren, parce que les ſectateurs de ce dieu croient qu'il ſe plaît à s'y renfermer. Les zélés portent toujours au moins ſur eux un de ces noyaux, dans la ferme perſuaſion que ſon influence écartera *Vamen*, le dieu des morts ſubites. Cette ſemence eſt preſque ronde, très-dure & ciſelée comme un noyau de pêche. C'eſt dans ces ciſelures, qui forment par haſard quelques figures, que les Saniaffis & les Pandarons, sectateurs de Chiven, découvrent quelqu'une des incarnations de ce dieu.

Le Pandaron se marie & vit ordinairement en famille; celui qui fait vœu de chasteté, s'appelle *Tabachi*. Il diffère du Saniaffi, en ce qu'il vit en société, soit avec sa famille, soit avec d'autres Pandarons; il témoigne sa reconnoissance à ceux qui lui font l'aumône, en leur donnant des cendres de bois de sandal & de bouze de vache, qu'il dit rapporter des lieux saints. Le nom de *Pandaron* est collectif pour les religieux de Chiven, comme celui de *Tadin* pour ceux de *Vichenou*.

Le *Caré-Patrépandaron* est une espèce de Pandaron ; il fait vœu de ne plus parler ; il entre dans les maisons, & demande l'aumône en frappant des mains sans rien dire. Ceux qui lui font la charité, prennent du riz tout cuit & le mettent dans les mains du religieux. Celui-ci le mange toujours à l'endroit où on le lui donne ; & s'il n'en a pas assez, il va dans une autre maison redemander la même aumône. Son nom est significatif : *Caré* veut dire main ; & *patré* assiette.

Le *Paeni-Caori* est aussi une espèce de Pandaron chargé de porter les offrandes que les Indiens font au temple de *Paeni*, dédié à *Soupra-*

INDOSTAN. 177

manice, un des fils de Chiven ; ces offrandes confistent en argent, fucre, miel, camphre, lait, beurre, cocos, &c. Ce religieux eft ordinairement habillé de jaune, comme les *Pandarons* ; porte les préfens qu'il doit faire aux deux bouts d'un bâton ; pour fe mettre à l'abri du foleil, il ajufte un tendelet tel que celui d'un palanquin.

Les *Cachi-Caoris* font une autre efpèce de Pandarons, qui font le pélérinage de *Cachi*, d'où ils rapportent de l'eau du Gange dans des vafes de terre ; ils doivent la porter jufqu'à Rameffourin près du cap Comorin, où eft un temple très-renommé de Chivem. On répand cette eau fur le *lingam* de ce temple, ensuite on la ramasse pour la distribuer aux Indiens, ceux-ci la conservent religieusement, & lorsqu'un malade est à l'agonie, on lui en verse une ou deux gouttes dans la bouche, de même que sur la tête.

On trouve encore dans l'Inde, nombre de religieux de la secte de Vichenou, tels que le *Tadin*, le *Satadéven*, le *Vaichenaven*, &c.

Le Tadin va mendiant de porte en porte, dansant & chantant les louanges & les métamorphoses de Vichenou ; pour accompagner sa voix, il bat d'une main sur une espèce de tambour, & quand il a fini chaque verset, il bat sur un plateau de cuivre avec une baguette qu'il tient dans les deux premiers doigts de l'autre main : ce plateau qui lui pend au-dessous du poignet, rend un son très-fort & très-aigu ; sur la cheville des pieds, il porte des anneaux de cuivre que l'on appelle *chélimbou*. Ces anneaux creux & remplis de petits cailloux lui servent encore d'accompagnement & de mesure pour le chant & pour la danse. Ces religieux, quand ils se réunissent dans les *aldées* ou villages, ont un chef qui n'est distingué des autres que par un grand bonnet rouge, dont le bout se recourbe en avant, & se termine en tête d'oiseau. Les autres ne portent pour tout vêtement, qu'une simple toile & une toque jaune.

Les Satadevens forment une caste religieuse, dans laquelle les autres Indiens ne peuvent pas entrer ; ils naissent religieux, se marient, & vivent en famille. Quoiqu'ils s'occupent à faire des colliers de fleurs pour les vendre, cela n'empêche pas qu'ils ne demandent l'aumône, en chantant comme les Tadins.

Les Vaichenavins forment une tribu, comme les Satadévens, & diffèrent peu de ces derniers.

On connoît encore le *Pontchari*, dévoué au culte de *Manarsuami* ou de Darma Raja ; tout homme, excepté le Parias, peut embrasser cet état ; ils font les cérémonies dans les temples de ces deux divinités.

Les Brames regardent ce culte comme

comme idolâtre, & jamais un sectateur de Vichenou ne sera le Pontchari de Manarsuami, parce que les Vichenouvistes prétendent que ce dieu n'est qu'une transfiguration de Soupramanier, fils de Chiven.

Les Pontcharis vont dans les rues, dans les places publiques & sur les chemins les plus fréquentés, chantant les louanges, la vie & les guerres de leur dieu, à-peu-près comme les premiers poëtes de l'antique Grèce récitoient ou chantoient en public leurs vers, en l'honneur des divinités fabuleuses. Ces religieux se marient & peuvent quitter cet état, quand ils en sont dégoûtés. Leur nom vient de *pontché*, qui signifie *cérémonie journalière*, faite aux dieux.

La Déesse *Mariatale* a aussi ses Pontcharis nommés Baïniens, parce qu'ils accompagnent leurs chants d'un instrument appelé Baïni. Les Baïniens sont pour la plûpart de la caste des Parias. Mais ils ne demandent l'aumône que dans les temples de la Déesse.

LETTRE CXXXIII.

D'Agra.

Je vous ai donné bien des détails, Madame, & cependant vous n'auriez aucune idée du fanatisme Indien, si je ne faisois passer sous vos yeux les austérités des religieux connus sous le nom de *pénitens*. Le christianisme, malgré tous ses martyrs, n'a jamais fait des victimes si courageuses ; ces pénitens sont chez les Gentils, ce que les Fakirs sont chez les Mogols : le fanatisme leur fait tout abandonner, biens, parens, femmes, enfans & amis, pour embrasser une vie qu'ils traînent dans la douleur & la misère. La plupart sont de la secte de Chiven : les seuls meubles qu'ils puissent avoir sont un lingam devant lequel ils sont continuellement en adoration, & une peau de tigre sur laquelle ils se couchent. Tout ce que la fureur fanatique peut imaginer de tourmens & de supplices, ils l'exercent sur eux-mêmes. Les uns se déchirent à coups de fouet, ou se font attacher au pied d'un arbre par une chaîne que la mort seule peut briser. Les autres font vœu de rester toute la vie dans une posture gênante, telle que d'avoir toujours les poings fermés, de manière que leurs ongles qu'ils ne coupent jamais, leurs percent peu-à-peu les mains. Ceux-ci tiennent toujours les bras croisés sur la poitrine ou bien les mains élevées au-dessus de la tête. Dans cette attitude, ils ne peuvent ni manger ni boire, que par le secours de quelques disciples. Ceux-là s'enterrent vivans dans des souterrains, où ils ne respirent que par un petit soupirail. Quelques-uns moins fous se contentent de s'enterrer jusqu'au col. On en voit qui font vœu de rester toujours debout, sans jamais se coucher ; ils dorment appuyés contre une muraille ou contre un arbre ; & pour s'empêcher de pouvoir dormir commodément, ils s'engagent le col dans de certaines machines qui ressemblent à une espèce de grille, dont ils ne peuvent plus se débarrasser. J'en ai vu plusieurs se tenir des heures entières sur un seul pied, les yeux attachés au soleil, & contemplant cet astre avec la fierté du regard de l'aigle. Quelquefois pour se sanctifier davantage, ils élèvent de même un pied en l'air, mais ne s'appuient de l'autre que sur l'orteil, tiennent les bras élevés, & se placent au milieu de quatre vases pleins de feu. D'autres plus imbécilles encore que tous ceux-là se montrent tout nus devant le peuple, pour lui prouver que depuis qu'ils ont abandonné leur corps à la divinité, ils ne sont plus susceptibles d'aucune passion, mais qu'ils sont rentrés dans l'état d'innocence. Le peuple persuadé de leur vertu, les regarde comme des saints, & pense qu'ils obtiennent de dieu toutes leurs demandes. Chacun croyant faire une œuvre pieuse, s'empresse à leur porter à manger, à mettre les morceaux dans la bouche de ceux qui se sont interdit l'usage de leurs mains. Quelques femmes même portent la vénération pour ces pénitens, jusqu'à l'adoration, tandis que l'Indien est en contemplation. Le nombre de ces prétendus bienheureux est beaucoup diminué depuis que l'Inde gémit sous l'oppression & l'esclavage. Ces pénitens devroient sans doute regarder les calamités publiques, comme des pénitences assez dures: il n'est pas nécessaire d'être ingénieux à se préparer des supplices, quand la nature & les hommes concourent à nous en accabler.

Au reste le caractère de ces pénitens est un grand fonds d'orgueil & d'amour-propre. Dans l'idée qu'ils ont de leur sainteté, ils évitent d'être touchés par les gens de basse caste & par les Européens, de peur d'en être souillés. Si on s'approche de leur personne, ils s'éloignent aussitôt ; ils ne permettent pas même qu'on touche à leurs meubles. Tout ce qu'ils portent sur eux, s'il faut croire aux idées populaires, renferme quelque mystère, & mérite la plus grande vénération.

L'histoire Indienne, comme toutes les histoires religieuses, conserve la vie & la mémoire d'une foule de pénitens célèbres dans l'antiquité, que ceux d'aujourd'hui se font gloire de prendre pour modèles.

Les plus anciens peuples de la terre ont eu diverses sectes, qu'on peut comparer aux religieux Indiens : elles menoient une vie errante & vagabonde, alloient de ville en ville, chantant les victoires des dieux, & toujours mendiant sous le voile de la religion. Les *Esséniens*, parmi la nation Juive, s'estimoient plus saints & plus purs que les Juifs, parce qu'ils faisoient vœu de chasteté, vivoient dans les déserts, s'isoloient sur les montagnes où ils ne se nourrissoient que de

L v

racines, & s'abstenoient religieusement de tout ce qui a vie. L'effusion du sang sur-tout, dans les sacrifices, leur étoit en horreur. Ils chantoient leurs hymnes, à la manière des religieux Indiens, toujours en dansant.

Les disciples de Pythagore chez les Grecs mettoient tout en commun, s'abstenoient de viandes & de liqueurs, ne se nourrissoient que des légumes. On les voyoit sans cesse en contemplation, observant un silence quelquefois de trois ans.

Les Druides, prêtres des anciens Gaulois, menoient dans les bois, comme les religieux Indiens, une vie solitaire, & observoient aussi le célibat.

Je risquerai ici une pensée : il me semble que tant que les ministres des autels ont vécu solitaires dans l'ombre des bois ou des sanctuaires, loin des regards de la foule, ils ont obtenu un respect & une vénération, qui leur faisoient partager avec leurs dieux les adorations des peuples. Mais ils ont commencé à perdre ces honneurs que la crédulité populaire leur rendoit, dès qu'ils ont voulu abandonner la solitude des bois, & le silence des temples, pour se répandre dans les villes, & communiquer avec le peuple. Les premiers prêtres ne se montroient que comme leurs dieux, toujours à une grande distance des humains. L'homme patriarche eût sans doute moins fixé les regards des peuples, s'il n'avoit toujours eu l'attention de préférer la retraite des champs à la société de ses semblables. Voilà pourquoi l'imagination de l'homme a toujours fait habiter loin de la terre, dans les cieux, la famille innombrable de dieux qu'elle s'est créés. Si nous voulions parcourir les annales du monde, par-tout nous découvririons des traces des opinions religieuses, qui sont encore chez le peuple Indien, dans toute leur intégrité.

LETTRE CXXXIV.

D'Agra.

Quoique les livres sacrés des Indiens, Madame, n'offrent rien de ce merveilleux aimable, qui éblouit quelquefois dans la théologie Grecque, leur mythologie est aussi décousue que celle de presque tous les peuples de l'antiquité. On n'y voit pas en particulier la liaison de leurs principes religieux, avec ces diverses classes qui font la base de leur Gouvernement. Le *Shafter*, qu'on regarde comme un commentaire du *Védam*, a jeté un peu de jour sur cette matière : « L'Eternel, » dit ce livre, concentré dans la

» contemplation de son essence,
» forma la résolution dé créer des
» êtres qui pussent participer à sa
» gloire. Il dit, & les anges furent.
» Ils chantoient de concert les
» louanges du créateur, & l'har-
» monie régnoit dans le ciel ; lors-
» que deux de ces esprits s'étant ré-
» voltés, en entraînèrent une légion
» à leur suite. Dieu les précipita
» dans un séjour de tourmens, &
» ne les en tira qu'à la prière des
» anges fidèles, & à des conditions
» qui les remplirent de joie & de
» terreur. Les rébelles furent con-
» damnés à subir sous différentes
» formes, dans la plus basse des
» quinze planètes, des châtimens
» proportionnés à l'énormité de leur

» premier crime. Ainsi chaque ange
» subit d'abord sur la terre quatre-
» vingt-sept transmigrations, avant
» d'animer le corps de la vache,
» qui tient le premier rang parmi les
» animaux. Ces différentes transmi-
» grations sont un état d'expiation,
» d'où l'on passe à un état d'épreuve,
» c'est-à-dire, que l'ange transmigre
» du corps de la vache dans un
» corps humain. C'est-là que le
» créateur étend ses facultés intel-
» lectuelles & sa liberté, dont le
» bon ou le mauvais usage avance
» ou recule l'époque de son pardon.
» Le juste va se rejoindre en mou-
» rant à l'Etre-Suprême. Le méchant
» recommence son tems d'expia-
» tion ».

Ainsi suivant cette tradition du *Shaster*, la métempsycose est un vrai châtiment, & les ames qui animent la plûpart des animaux, ne sont que des êtres coupables. Cette explication n'est pas sans doute universellement adoptée dans l'Inde. Elle aura été imaginée par quelque dévot mélancolique & d'un caractère dur. Car le dogme de la transmigration des ames, semble annoncer dans son origine plus d'espérance que de crainte.

En effet, il est naturel de penser que ce ne fut d'abord qu'une idée flatteuse & consolante pour l'humanité, qui s'accrédita facilement dans un pays où les hommes jouissant d'un ciel délicieux & d'un gouvernement modéré, commencèrent à s'appercevoir de la briéveté de la vie. Un syftême qui la prolongeoit au-delà de fes bornes naturelles, ne pouvoit manquer de réuffir. Il eft fi doux à un vieillard qui fent échapper tout ce qu'il a de plus cher, d'imaginer qu'il pourra jouir encore, & que fa deftruction n'eft qu'un paffage à une autre exiftence. Il eft fi confolant pour ceux qui le voient mourir, de penfer qu'en quittant le monde, il ne perd pas l'efpoir d'y renaître. Les hommes préfèrent toujours aux idées vagues & abftraites, la jouiffance des fenfations qui ont fait leur bonheur; & la fimplicité des Indiens dut trouver plus de douceur à vivre sur une terre qu'ils connoissoient, que dans un monde métaphysique, dont leur imagination ne pouvoit se former aucune idée. C'est ainsi que le dogme de la métempsycose a dû s'établir & s'étendre. Envain la raison peu satisfaite de cette vaine illusion, disoit que sans mémoire, il n'y a ni continuité, ni unité d'existence, & que l'homme qui ne se souvient pas d'avoir existé, n'est pas différent de celui qui existe pour la première fois; le sentiment adopta ce que rejettoit la raison. Heureux encore les peuples, dont la religion offre des mensonges agréables !

Le *Shafter* a rendu le dogme de la métempsycose plus triste, sans doute, pour le faire servir d'instrument & de soutien à la morale qu'il falloit établir. C'est en effet d'après cette transmigration, envisagée comme punition, qu'il expose les devoirs que les anges avoient à remplir. Les principaux sont la charité, l'abstinence de la chair des animaux, l'exactitude à suivre la profession de ses pères. Ce dernier préjugé, sur lequel il paroît que tous les peuples sont d'accord, malgré la différence sur son origine, n'a d'exemple que chez les anciens Egyptiens, dont les institutions ont sans doute avec celle des Indes, des rapports historiques, que nous ne connoissons plus. Mais les loix d'Egypte, en distinguant les conditions, n'en avilissoient aucune, au lieu que les loix de Brama, peut-être par l'abus qu'on en a fait, semblent avoir condamné une partie de la nation à la douleur & à l'infamie.

Il y a apparence que les Indes étoient presque aussi civilisées qu'elles le sont aujourd'hui, lorsque Brama y donna des loix. Aussitôt qu'une société commence à prendre une forme, elle se trouve naturellement divisée en plusieurs castes, suivant la variété & l'étendue de ses arts & de ses besoins. Brama voulut sans doute donner à ces différentes professions une consistance politique, en les consacrant par la religion, & en les perpétuant dans les familles, qui les exerçoient alors, sans prévoir qu'il empêchoit par-là le progrès des découvertes qui pourroient dans la suite donner lieu à de nouveaux métiers. Aussi, à en juger par l'exactitude religieuse des Indiens à observer les loix de Brama, on peut assurer que depuis ce légiflateur, l'industrie n'a fait aucun progrès chez ces peuples, & qu'ils étoient à-peu-près aussi civilisés qu'ils le sont aujourd'hui, lorsqu'ils reçurent ces institutions. Cette observation suffira pour donner une idée de l'antiquité de ce peuple, qui n'a rien ajouté à ses connoissances depuis une époque qui paroît une des plus anciennes du monde.

Brama ordonna différentes nourritures pour les différentes tribus. Les gens de guerre & quelques autres castes peuvent manger de la venaison & du mouton. Le poisson est permis à quelques laboureurs & à quelques artisans. D'autres ne se nourrissent que de lait & de végétaux, & les gens des plus basses classes ne vivent qu'avec du riz cuit à l'eau. On n'est pas surpris, puisqu'ils ont si peu de besoins, que leurs journées les plus fortes ne montent pas à plus de quatre ou cinq sous. Quelques-uns même ne gagnent que deux sous par jour, & cependant ces deux sous leur suffisent.

C'est ici le lieu de faire observer aux philosophes qui prétendent que l'homme eft un animal frugivore, que les Indiens de la cafte guerrière mangent de la viande, & font cependant plus robuftes, plus courageux, plus animés, & vivent plus long-tems que les hommes des autres claffes, qui fe nourriffent de végétaux. Il eft vrai que la cafte des gens de guerre habite plus volontiers les provinces du feptentrion, & que la prefqu'île n'eft guère occupée que par les tribus inférieures. La différence des tempéramens des habitans du nord & de ceux du midi, eft trop conftante pour l'attribuer uniquement aux alimens. Le froid d'une part, l'élafticité de l'air, moins de fertilité, plus de travail & d'exercice, une vie plus variée, donne plus de faim & de force, de résistance & d'activité, de ressort & de durée aux organes. La chaleur du midi, l'abondance des fruits, les facilités de vivre sans agir, une transpiration continuelle, une plus grande prodigalité des germes de la population, plus de plaisir & de mollesse, un genre de vie sédentaire & toujours le même: tout cela fait que dans les climats méridionaux, l'homme vit & meurt plutôt. Du reste on voit qu'il a reçu de la nature le don de vivre dans tous les climats, d'une manière analogue à la diversité des besoins qu'ils font naître: il est chasseur, ichthiophage, frugivore, pasteur, laboureur, selon l'abondance l'abondance ou la ſtérilité de la terre : mais cependant l'homme frugivore ſera toujours plus doux, plus ſenſible, plus facile à s'attendrir que l'homme carnivore. L'Europe nous en donne une preuve. En France on mange beaucoup moins de viande qu'en Angleterre & qu'en Allemagne : auſſi les mœurs Françoiſes ſont-elles plus douces que les mœurs Angloiſes, que les mœurs Allemandes. Telle eſt l'influence des loix phyſiques ſur les loix morales. La nourriture des végétaux, & la chaleur exceſſive font des Indiens le peuple le plus doux & le plus humain. On voit dans des hommes ſexagénaires la ſimplicité de l'enfance. Ils connoiſsent à peine plusieurs des passions qui nous agitent. Quelle ambition pourroient avoir des hommes destinés à rester toujours dans le même état ; ils n'ont guère que l'avarice, passion des corps foibles & des petites ames. Ils n'aiment que les travaux paisibles ou l'oisiveté. Je leur ai entendu souvent citer ce passage d'un de leurs auteurs favoris ; *il vaut mieux être assis, que marcher : il vaut mieux dormir, que veiller ; mais la mort est au-dessus de tout.* Aussi la promenade leur est presque inconnue, ils passent volontiers des journées entières au sein de la mollesse, étendus sur des nattes fines ou sur des tapis. Et là, leur imagination les transporte voluptueusement sous l'ombre des bois, & les berce d'idées amoureuses.

En considérant que la nature a tout fait pour le bonheur de ces fertiles contrées ; qu'à la facilité de satisfaire tous leurs besoins, les Indiens joignent un caractère compatissant, une morale qui les éloigne également de la persécution & de l'esprit de conquête, on ne peut s'empêcher de remonter en gémissant, jusqu'à la source de cette inégalité barbare, qui a réuni dans une partie de la nation, les privilèges & l'autorité, & rassemblé sur le reste des habitans, les calamités & l'infamie.

LETTRE CXXXV.

D'Agra.

LA religion de Brama, Madame, assez simple dans son origine, est divisée en quatre-vingt-trois sectes qui conviennent entr'elles sur quelques points principaux, & ne disputent pas sur les autres. Elles vivent en paix, même avec les hommes de toutes les religions. Les Indiens admettent rarement des étrangers à leur culte ; & c'est toujours avec une extrême répugnance. C'étoit assez l'esprit des anciennes superstitions. On le voit chez les Egyptiens, les Grecs & les Romains. Cet esprit est moins préjudiciable que celui de ramener les cœurs & les opinions par la violence ; mais il s'oppofe à la communication des hommes : c'eſt une barrière de plus entre les peuples.

Malgré ces barrières, l'Inde a été ouverte à un grand nombre de Mahométans. Quelques-uns y font venus des bords de l'Afrique. La plûpart defcendent d'Arabes, qui avoient fait dans ces régions des établiſſemens ou des incurſions. La force des armes les avoient rendus maîtres de tout le pays jufqu'à l'Indus. Les plus entreprenans avoient enfuite paſſé ce fleuve, & de proche en proche, étoient arrivés jufqu'aux extrêmités de l'Orient. Sur ce continent immenfe, ils étoient les facteurs de l'Arabie & de l'Egypte. Ils étoient traités avec des égards marqués par tous les souverains qui vouloient avoir des liaisons avec ces contrées. En peu de tems il ne leur fut pas difficile de se multiplier ; leur religion leur permettant la polygamie, ils se marioient dans tous les lieux où ils faisoient quelque résidence.

Leurs succès avoient été encore plus rapides & plus permanens dans les îles répandues sur cet océan. Le besoin du commerce les y avoit fait mieux accueillir par les princes & par les peuples. On ne tarda pas à les voir monter aux premières dignités de ces petits états, & à s'y rendre les arbitres du Gouvernement. Ils profitèrent de l'ascendant que leur donnoient leurs lumières & l'appui qu'ils tiroient de leur patrie, pour tout asservir. Dans la vue de leur plaire, des despotes & des esclaves se détachèrent de la religion de Brama à laquelle ils tenoient fort peu, pour embrasser des dogmes, qui devoient leur procurer quelques avantages ; le sacrifice étoit d'autant plus facile que les prédicateurs de l'Alcoran souffroient sans difficulté qu'on alliât les anciennes superstitions, avec celles qu'ils vouloient établir.

Ces Mahométans Arabes, apôtres & négocians tout-à-la-fois, avoient encore étendu leur religion, en achetant beaucoup d'esclaves auxquels ils donnèrent la liberté après leur avoir fait embrasser leurs dogmes ; mais comme un certain orgueil les empêchoit de mêler leur sang à celui des affranchis, ceux-ci formèrent avec le tems un peuple particulier sur la côte de la presqu'île des Indes, depuis Goa jusqu'à Madras. Ils ne savent ni le Persan, ni l'Arabe, ni le Maure, & leur idiome est celui des contrées où ils vivent. Leur religion est un Mahométisme corrompu par les superstitions Indiennes. Ils sont courtiers, écrivains, marchands, & navigateurs ; à la côte de Coromandel, on les connoît sous le nom de *Chaliats* ; au Malabar, sous celui de *Mapoulés*, ou *Ma-*

pelets. On se défie généralement de leur caractère perfide.

Les premiers Européens qui s'établirent dans l'Inde jugèrent superstitieux le culte des Indiens, le rejettèrent comme idolâtre & criminel, & se firent un plaisir de mépriser tous les usages religieux. Mais à considérer leur conduite d'un œil philosophique, des étrangers, qui alloient parmi des nations lointaines, soit pour le commerce, soit pour les convertir, n'auroient point dû affecter de heurter de front leurs préjugés, sur tout lorsqu'il étoit notoire qu'ils ne pouvoient le faire sans se rendre méprisables, & même infâmes, selon les principes reçus dans ces contrées.

A la vérité le culte public dans l'Inde est rempli de superstitions & de préjugés. Le lait, le beurre, le caillé, l'urine & la bouze de vache, sont ici reputés les cinq choses les plus nécessaires à l'homme. Les trois premiers alimens forment la principale nourriture des Brames. Ils s'abstiennent de manger de la viande, & sur-tout du bœuf. Mais il n'est pas étonnant qu'un Brame, même en le supposant au-dessus de tout préjugé, ait une répugnance invincible pour cette nourriture. Il ne faut qu'être maîtrisé par l'habitude. Du reste l'Indien le plus superstitieux mange du bœuf. La vache est en grande vénération. Les femmes pieuses, dans les maladies, regardent comme la meilleure recette les prières qu'elles adreffent à une vache par excellence, qu'elles invoquent fous le titre d'amie du roi des cieux, de type, mère & patrone de toutes celles de fon efpèce.

Les *veratti*, ou bouze defféchée de ces animaux, mâles & femelles, donnent à ces peuples un feu dont la chaleur douce & active eft préférée pour cuire leur manger, & même pour des opérations des arts, telles que la trempe du fer. On emploie auffi ces *veratti* pour éclairer les cérémonies. A cet effet, on en met dans des efpèces de carcaffes de fer, en forme de réchauds, qui portés au bout d'un bâton, & arrofés d'huile fourniffent une lumière symbolique, pure, égale & tempérée. La cendre de ces *veratti* préparée à l'aide de certaines prières, forme le *tiron nowon* ou cendres bénites. Cette fiente encore fraîche (chani) sert aussi dans diverses expiations ; mais l'usage qu'on en fait le plus journellement, c'est après l'avoir délayée dans un peu d'eau, d'en frotter les appartemens & d'en nettoyer les meubles, sur-tout s'ils ont contracté quelque impureté. Cette lotion, dont l'odeur n'est pas désagréable, se sèche promptement, rafraîchit l'air & écarte les insectes.

La seule urine des vaches jouit de plusieurs propriétés. Dès le matin lorsque ces animaux sortent de l'étable,

on

on voit quantité de femmes & de filles s'avancer d'un air recueilli, chacune avec un petit vase de cuivre à la main, suivre les vaches pas à pas, les caresser, leur tirer la queue, & les chatouiler pieusement, afin d'en obtenir, le plutôt possible, cette eau si propre aux purifications légales, & toujours en chantant les oraisons relatives aux circonstances. Ces usages règnent sur-tout dans les villages habités seulement par des Brames, villages en vénération, où aucun particulier d'une autre tribu ne peut paroître monté sur un bœuf. Enfin la superstition & l'humanité se font un devoir sacré de consacrer annuellement un jour à l'expression de leur reconnoissance envers les vaches & les bœufs. Pendant cette espèce de jubilé, ces animaux couronnés de fleurs, les cornes peintes de signes mystérieux, peuvent aller & venir en toute liberté, & là où ils trouvent une nourriture à leur goût, ils peuvent la prendre sans que personne ait le droit de s'y opposer.

Tel est l'ensemble des apperçus d'après lesquels plusieurs voyageurs peu observateurs, n'ont pas craint d'assurer en Europe, que les Indiens adoroient ces animaux. Mais il n'est pas sage d'apprécier la croyance d'une nation quelconque d'après des légendes superstitieuses & de petites observances, qui, insipides & fastidieuses, ont assez généralement la vertu d'extasier, d'attacher, d'hébêter ce qui est peuple.

Il est vrai que les animaux désignés par le législateur, & estimés en conséquence comme un des plus précieux dons que l'Etre-Suprême ait faits à l'homme, jouissent dans ces contrées des plus grands égards. Ainsi les vaches, de date immémoriale, sont qualifiées du nom de *nourrices de l'homme*; aussi les plus grands princes se sont fait gloire de leur être comparés. On trouve encore dans l'Inde des pièces de monnoie, frappées depuis plus de quatre mille ans, sur un côté desquelles on voit le nom des princes règnans, & sur le revers, une vache allaitant son veau. Le respect qu'on a pour ces animaux est si grand, qu'un Indien ne se permet jamais de faire travailler une vache, surtout lorsqu'elle est pleine : le cas est alors plus grave, & devient de droit un fait de police, dont la connoissance appartient au chef du lieu. On voit bien dans ce cas que la loi s'appuie de l'autorité de la religion. Quoique les témoignages de la reconnoissance du peuple Indien aient dégénéré en pratiques superstitieuses, & même ridicules, cependant quiconque les étudie avec soin, ne peut les soupçonner de former un culte religieux. Dans certaines parties de l'Inde, la vie des vaches est sous la sauve-garde de la loi, à-peu-près comme celle d'un citoyen honorable. Ainsi la mort de celui-ci, quoique réputée plus criminelle que celle d'un bœuf, n'entraîne cependant point de châtiment capital, si elle a été donnée par inadvertance, ou en se défendant ; un tel délit peut devenir l'objet d'une amende, & être expié par l'aumône ou par quelque autre œuvre pie.

Quant à l'impureté légale, elle a été plutôt imaginée par la politique que par la superstition. Les vases neufs, la monnoie d'or, d'argent & de cuivre, le béthel, tous les fruits, la liqueur tirée des cocotiers, les huiles, toutes sortes de graines, tous les farineux torréfiés qui tiennent lieu de biscuit aux soldats & aux voyageurs, & toutes les substances de cette nature sont réputées impures selon la loi, lorsqu'elles sont touchées immédiatement par des personnes de tribus différentes. Mais elles ne sont point susceptibles d'impureté légale, & n'en peuvent devenir les véhicules lorsqu'on y porte les mains à différens tems.

Dans quelques montagnes, où les usages antiques ont moins subi d'altération, un étranger, ou un Indien de certaines tribus, ne peut, sans le souiller, se désaltérer dans un étang, dont l'eau n'a pas de cours. Surpris en pareil cas, il est cruellement puni de son imprudence. Ce n'est pas tout : cette impureté légale est aussi communicative que le fluide électrique ; mille pièces de bois fuppofées bout-à-bout, lui ferviroient inévitablement de conducteur, fi dans le même inftant qu'un Brame purifié porte la main à l'un des bouts, une perfonne d'une différente cafte touchoit à l'autre extrémité.

Mais la terre, la pierre, l'eau courante, ne reçoivent & ne communiquent rien de cette fouillure. Ainfi le Brame le plus en état de grace pourra fe tenir à deux pas d'un étranger ; s'il a quelque chofe à remettre à celui-ci, il doit le pofer à terre ou le laiffer tomber de fa main : & fi l'étranger vouloit à fon tour lui remettre quelque chofe, il feroit obligé d'en ufer de même. Mais si par inadvertance l'étranger touchoit l'objet en même tems que le Brame, celui-ci seroit obligé à recommencer toutes ses purifications. Ce préjugé est si fort, qu'une femme qui a la foiblesse de s'abandonner à un étranger, ne se croit point coupable, tant qu'elle lui a refusé sa bouche ; car cet organe, destiné à prononcer des mots sacrés, perd sa pureté par cette profanation.

Vous voyez, Madame, que le culte public de l'Inde est très-superstitieux. Mais autant j'en condamne tout ce qu'il renferme d'absurde & de puérile, autant je suis éloigné de le taxer d'idolâtrie, dans le sens strict que nous attachons à cette qualification. Si quelques écrivains sont tombés dans cette erreur, c'est qu'ils ont rendu par les mots *dieu, divinité*, qui dans notre langue ont une acception rigoureuse, des termes qui, chez eux, ne signifient réellement que des intelligences subalternes, des anges ou des saints. Il faut conclure de toutes ces observations que le but des premiers instituteurs étoit de regner avec plus d'empire sur un peuple aveuglé & avili par tant de préjugés. Le peuple Indien n'étoit alors qu'un peuple d'enfans dans la plus grande subordination.

LETTRE CXXXVI.

D'Agra.

IL y a long-tems, Madame, que toutes les lettres que je vous adresse sont datées d'Agra, & cependant je ne vous ai rien dit encore de cette capitale de l'Indostan. Ce n'est pas qu'elle ne mérite une description particulière ; mais avant de vous en occuper, j'ai jugé préférable de vous faire connoître tout ce que j'ai pu recueillir touchant les naturels de l'Inde. Comme j'aurai à les observer encore sur la côte de Malabar, je prévois qu'ils m'y fourniront de nouveaux détails dignes de vous être communiqués.

Laissons donc reposer jusques-là ce sujet intéressant, & occupons-nous d'une ville aussi célèbre dans l'histoire de l'Asie, que Paris le peut être dans les annales de l'Europe.

Je crois vous avoir déjà raconté que l'Indostan obéit aujourd'hui à deux empereurs. Le premier, qui vit sous la dépendance des Anglois, réside à Maxoudabad. Le second, connu sous le nom de Grand-Mogol, est un usurpateur, qui, quoique dépouillé de la plus grande partie de l'Empire qu'il a envahi, est encore un souverain puissant en Asie, & qui passant de Delhi au centre de ses possessions, a fait d'Agra sa résidence & sa capitale. Cette ville, la plus grande de toutes les Indes, est située dans une plaine rude & sabloneuse, sur la rivière de Géméné qui est un bras du Gange. Elle est bâtie en forme de demi-lune, défendue par un mur de pierres rouges, & entourée d'un fossé qui a cent pieds de largeur. J'ai vérifié par moi-même ce que la commune renommée publie de l'étendue de cette ville, c'est-à-dire que j'ai essayé d'en faire le tour à cheval, & l'espace d'un jour entier m'a suffi à peine pour l'achever. Sur cet espace immense trois fois plus étendu que celui où s'élève Paris, on s'attendroit à trouver une population prodigieuse; mais Agra contient à peine huit cens mille hommes; c'est vous dire qu'il y a des quartiers, qui dans leur ensemble offrent à l'œil & à l'imagination l'aspect d'une solitude.

Il est vrai que les maisons sont fort éloignées les unes des autres, & que celles des riches & des grands ont des jardins spacieux. Ces palais entremêlés d'arbres toujours verds, dont les cours & les jardins sont parés, forment des points de vue agréables, & procurent une fraîcheur délicieuse dans un climat brûlant. Les principales rues de la ville sont larges, longues & bien bâties. Il en est quelques-unes dont les côtés sont voutés en arcades, d'un quart de lieue de longueur; on y voit des boutiques de marchands & d'artisans de toute espèce. La plupart des autres rues sont étroites, mal alignées & pleines de recoins & de détours obscurs. On compte à Agra quinze bazards ou grandes places, dont la principale forme l'avant-cour du château. Elle est ornée de soixante pièces de canon de toutes sortes de calibre, mais toutes en assez mauvais ordre, & presque hors d'état de servir. Cette place offre encore une grosse & haute perche, où les Seigneurs de la Cour & quelquefois le Grand-Mogol lui-même, s'exercent à tirer de l'arc.

Comme le Grand-Mogol & la plupart des Seigneurs font profession du mahométifme, on voit ici un grand nombre de *metfchids* ou mofquées. J'ai employé plufieurs jours à les vifiter; parmi les foixante-dix que j'ai comptées, j'en ai diftingué fix, où le peuple va chaque jour offrir fes dévotions. Dans l'une eft le maufolée d'un faint mahométan, nommé *Scander*, de la poftérité d'Haly. Dans une autre on voit une tombe de trente pieds de long fur feize de large, qui paffe pour celle d'un géant fameux par des exploits guerriers. Elle eft couverte de petites banderoles. Les dons pieux des pélerins qui s'y rendent de toutes parts, ont affez enrichi la mofquée pour la mettre en état de nourrir chaque jour une foule de pauvres. Ces metschids & les cours qui en dépendent, servent d'asyle aux criminels, & même à ceux qui sont poursuivis pour dettes. Ces asyles sont si respectés, que l'empereur même n'a pas le pouvoir d'y faire enlever un coupable.

Il y a ici plus de huit cens bains publics, dont le prince tire annuellement des sommes immenses; parce que cette sorte de purification faisant une des principales parties de la religion musulmane, il n'y a point de jours dans l'année où ces bains n'attirent une multitude infinie de Mogols.

On compte aussi dans Agra plus de quatre-vingts caravanserais, où les étrangers sont logés gratuitement. La plupart de ces hôtelleries sont à trois étages, avec des magasins voûtés, des écuries, des galeries spacieuses, & de longs corridors pour la communication des chambres. Des concierges gagés par les fondateurs de ces hospices, sont chargés de veiller à la conservation des marchandises & à la sûreté des voyageurs, auxquels ils procurent aussi des vivres.

La plupart des grands Seigneurs ayant l'ambition de se faire inhumer magnifiquement, ce goût a multiplié dans la ville, & aux environs, les tombeaux & les mausolées. Ces édifices ont communément une plate forme, avec quatre petites chambres dans les angles. J'ai parcouru quelques-unes de ces demeures funèbres. Celle qui a le plus long-tems fixé mon attention, est le tombeau d'une impératrice bâti sur un vaste bazar, où se rassemblent les étrangers. Ce marché est composé de six grandes cours environnées de portiques, sous lesquels il y a des boutiques, où se fait un grand commerce de toiles. Le tombeau est le long de la rivière, dans un espace divisé en compartimens, & fermé de murs, où règne une petite galerie. Il est pavé de marbre blanc & noir : un beau portail en décore l'entrée. Dans une autre galerie qui est à gauche on a pratiqué quelques niches qui servent de chapelles. Vers le milieu de l'enceinte, s'élèvent trois plates-formes disposées par étages & accompagnées chacune de quatre tours. Au-dessus s'élève un beau dôme, dont l'intérieur & les dehors sont revêtus de marbre blanc. C'est sous ce dôme éclatant qu'on a placé le tombeau de l'Impératrice; mais le corps est déposé sous une voûte qui est au-dessous de la première plate-forme. Des prêtres sont toujours en prières, soit dans le souterrein, soit dans le dôme, soit dans la galerie. La tradition populaire raconte ici que vingt mille hommes ont travaillé, pendant vingt-deux ans à construire ce superbe édifice. Elle ajoute que les feuls échaffauds coûtèrent autant que tout l'ouvrage. Vous ne ferez pas éloignée de croire à la vérité de ce calcul, fi vous réfléchiffez comme moi, Madame, que le bois manquant ici, on eft obligé d'employer la brique qu'on élève en voûtes, pour fuppléer à nos échaffaudages. Je puis vous affurer du moins que deux mille hommes, fous les ordres d'un Eunuque, veillent journellement à la garde de ce maufolée.

Vous ne connoîtriez point affez Agra, fi je ne vous difois un mot du palais impérial. Les édifices les plus remarquables dans Agra, font le palais impérial & quelques tombeaux de la plus grande magnificence. Le Géméné baigne les murs du palais, & coule dans son enceinte qui est partagée en plusieurs cours, environnées de portiques, comme la place Royale à Paris. Ce bâtiment est entouré d'une double muraille, flanquée par intervalles, de plusieurs terrasses, sur lesquelles sont construits de petits logemens pour les officiers du prince. Le reste de ces fortifications consiste dans un grand fossé & des ponts-levis placés à chaque porte. La première de ces portes, qui sert de logement au gouverneur, est une voûte longue & obscure, après laquelle on entre dans une des cours. La galerie qui est en face, est soutenue de trois rangs de colonnes. Il y a au milieu une niche pratiquée dans le mur, où l'Empereur a coutume de se rendre par un petit escalier dérobé ; & lorsqu'il y est assis, on ne le découvre que jusqu'à la poitrine, à-peu-près comme un buste.

Il n'a point alors de gardes autour de sa personne, parce que tous les côtés de cette niche sont inaccessibles. Il n'a auprès de lui qu'un Eunuque, ou un de ses enfans, qui l'évente : les Seigneurs de sa cour se tiennent dans la grande galerie. Celles des côtés sont plus étroites & plus basses. On y a ménagé de petites chambres pour les soldats de la garde. Le Divan se présente ensuite ; c'est le lieu où l'Empereur fait adminiſtrer la juſtice à ſes ſujets. A côté s'ouvre une autre ſalle, où le premier miniſtre expédie & ſcelle les ordonnances ; & l'on en garde les minutes dans le même lieu. L'appartement impérial eſt dans une autre cour. On y entre par une porte, pour laquelle on a un ſi grand reſpect, qu'à la réſerve des princes du ſang, tous les ſeigneurs ſont obligés d'y deſcendre, & d'entrer à pied dans cette cour. C'eſt dans ce quartier que ſont logées les femmes qui danſent & chantent devant le monarque. L'intérieur des appartemens eſt reſplendiſſant d'or & de pierreries. Le prince ſe rend tous les matins dans un belvedère qui donne sur la rivière, pour saluer le soleil ; & c'est là que les grands de l'Empire viennent lui rendre leur hommage dans un lieu élevé. C'est de là aussi qu'il voit combattre les éléphans, les taureaux, les lions & d'autres bêtes féroces : amusement qu'il prend presque tous les jours, excepté le vendredi, jour de dévotion chez les mahométans. On a choisi cette place proche de l'eau, parce que l'éléphant victorieux seroit difficile à gouverner, si l'on n'employoit l'artifice pour le pousser vers la rivière, dans laquelle il n'est pas plutôt entré à la hauteur de deux ou trois pieds, que sa fureur se calme.

On

On entre par une autre porte dans la falle des gardes, & par cette fallè dans une cour pavée, au fond de laquelle eft une baluftrade d'argent, dont l'approche eft défendue au peuple. C'eft par-là qu'on eft introduit dans la chambre du trône, au-deffus duquel eft une galerie où l'Empereur vient entendre les plaintes de ceux à qui on a fait quelques violences. Ils fonnent une petite cloche d'or, qui avertit le prince; mais à moins que l'on n'ait des preuves convaincantes du tort dont on fe plaint, il faut bien fe garder d'y toucher; cette imprudence eft défendue fous peine de la vie.

Je viens d'être témoin d'une folemnité qui est en grande recommandation chez les musulmans, maîtres souverains de l'Indostan & connus sous le nom de Mogols. Cette fête est annuelle; on la célèbre dix jours après la nouvelle lune de juillet; & elle est consacrée à pleurer la mort de deux illustres musulmans. On raconte que deux frères, zélés serviteurs d'Haly, étant allé prêcher l'alcoran vers la côte de Coromandel, furent attaqués par les gentils. Accablés par le nombre, après s'être défendus quelque tems, ils périrent en combattant pour leur religion. En mémoire de ces saints personnages, on porte en procession, par la ville, des bierres couvertes d'arcs, de flêches

& de toutes sortes d'armes, que le peuple accompagne de pleurs & de gémissemens. Les uns dansent ; les autres s'escriment avec leurs épées nues ; & quelques uns se déchirent tellement le visage & les bras, que le sang en ruisselle de toutes parts. Le soir, ils élèvent, au milieu de la grande place plusieurs figures de paille, qui représentent les meurtriers de ces deux saints ; & après leur avoir tiré une grande quantité de flèches, ils y mettent le feu, & les réduisent en cendres. Le tout se passe avec tant d'animosité & de fureur, que les payens qui se trouveroient dans les rues à ces heures-là, seroient en danger de leur vie ; aussi se tiennent-ils bien enfermés dans leurs maisons.

LETTRE CXXXVII.

De Delhi.

J'AI voulu, Madame, visiter la seconde capitale de l'empire des Mogols, devenue si fameuse par l'histoire des conquêtes de Thamas-Kouli-Kan. Cette ville est très-ancienne ; quelques-uns croient qu'elle étoit le siége du royaume de Porus. Les sépulcres de ses rois, & les ruines de ses palais, montrent du moins qu'elle fut la métropole d'un grand état. Les Empereurs Mogols l'ont abandonnée pendant plusieurs siècles, mais un d'entr'eux ayant pris du goût pour ce séjour, y fit bâtir une ville nouvelle, qui n'est séparée de l'ancienne que par un mur : il la nomma Jéhannabat, qui signifie la ville de Jehan. Les princes Mogols, qui ont fixé leur demeure à Agra, ne laissent pas de faire quelques voyages à Delhi, sur-tout dans les grandes chaleurs, parce que le climat y est plus tempéré.

Depuis la nouvelle fondation, l'ancienne ville est tombée presqu'en ruines, & n'a que des pauvres pour habitans. Quelques seigneurs, lorsque la cour est à Jéhannabat, s'y établissent dans de grands enclos, où ils font dresser leurs tentes. Ces deux villes, ainsi que la province dont elles sont la capitale, sont situées presque au centre de l'empire, vers la source du Géméné, qui les arrose. On entre dans la nouvelle ville, qui est très-belle, du côté de la vieille cité, par une longue & large rue bordée de portiques, dont le dessus est en plate forme; c'est-là que logent les plus riches négocians. Cette rue aboutit à la grande place, où est le palais de l'Empereur, qui n'a pas moins d'une demi-lieue de circuit. Ses murs sont de pierre de taille, avec des creneaux, des tours, & un large fossé rempli d'eau, & revêtu de pierre. Son portail, & la première cour n'offrent rien de remarquable; les seigneurs peuvent

INDOSTAN. 247

y aller sur leurs éléphans. De-là on entre dans un espace plus long que large, dont les côtés sont bordés de portiques, avec de petites chambres, dans lesquelles se retire la garde à cheval. Le sol de ces portiques est élevé de deux pieds; & les chevaux, qui sont attachés en dehors avec des anneaux de fer, ont leur mangeoire sur les bords. Ce lieu est coupé dans toute sa longueur, par un canal rempli d'eau, qui s'arrondit en quelques endroits, pour former de petits bassins à égale distance les uns des autres.

On arrive ensuite à une seconde cour, environnée de logemens, où les seigneurs font la garde en personne. On passe à une troisième, au fond de laquelle est la salle du Divan. Elle est élevée de quatre pieds au-dessus de la cour, & ouverte de trois côtés, trente-deux pilastres de marbre soutiennent sa voûte ; & tout l'intérieur est peint en fleurs d'or & d'azur. Au milieu de cette salle, on place le trône de l'empereur, quand il donne audience. Il a la forme d'un lit à colonnes, & est tout couvert de pierreries ; lorsque ce prince vient s'y asseoir, on étend dessus un magnifique tapis. Il y monte par trois petites marches de deux pieds de long. On élève à un des côtés un grand parasol au bout d'une pique ; & l'on attache aux colonnes du lit les armes du monarque, telles que son sabre, son arc, son carquois & ses flèches. A l'extrémité de la même cour, du côté qui touche le Divan, on a ménagé un espace de vingt pieds en quarré, entouré de balustrades d'argent. Aux quatre coins de ce parquet, se tiennent les secrétaires d'état; le tour est occupé par les seigneurs & les musiciens, qui, même pendant l'audience, ne cessent de jouer, mais d'une manière si douce, que ce bruit n'interrompt point les affaires les plus sérieuses & qui demandent le plus d'attention.

Lorsque le Grand-Mogol est sur son trône, il a toujours auprès de lui quelques grands de sa cour, ou quelques-uns de ses enfans. Entre onze heures & midi, le premier visir vient lui expofer tout ce qui s'eft paffé dans la chambre où il préfide ; & quand il a fini fon rapport, l'Empereur fe lève & rentre dans fon appartement ; mais tant qu'il eft fur le trône, il n'eft permis à perfonne de fortir du palais. A quelque diftance de la baluftrade dont je viens de parler, il y a vers le milieu de la cour, un petit ruiffeau, en-deçà duquel tous ceux qui veulent fe préfenter à l'audience du prince, doivent s'arrêter & attendre qu'on leur permette de paffer outre. Les ambaffadeurs eux-mêmes ne peuvent franchir ce paffage, fans être appelés. Lorfqu'ils font arrivés jufqu'à ce canal, l'introducteur dit à haute voix, en se tournant du côté de l'Empereur, que le ministre d'une telle puissance desire de parler à sa majesté. Alors un secrétaire d'état en avertit le monarque, qui quelquefois feint de ne pas l'entendre; mais un moment après, il leve les yeux, & les jettant sur l'ambassadeur, il ordonne qu'on le fasse approcher.

C'est dans la cour du trône qu'est le serrail ; on voit dans la même aîle, une petite mosquée fort bien bâtie, dont le dôme est couvert de plomb si parfaitement doré, qu'on le prendroit pour de l'or pur. C'est dans cette chapelle, que l'Empereur va chaque jour faire sa prière, excepté le vendredi, ou il se rend à la grande mosquée. Le côté droit de la cour est décoré de plusieurs portiques, qui conduisent aux écuries, où sont les éléphans & les plus beaux chevaux du prince. J'en ai vu qui avoient coûté plus de dix mille écus. Les moindres n'avoient pas été achetés moins de neuf mille francs. Dans ce pays où le fourrage est très-rare, on les nourrit avec une pâte composée de farine & de beurre. On en fait de petits pains, gros comme nos pains d'un sol, & on leur en donne à chacun trois par jour. Ce n'est qu'avec peine qu'on les accoutume à cette nourriture. Un palefrenier leur tient la langue d'une main, & de l'autre il leur fourre cette pâte

pâte dans la bouche. Le foir ils ont une mefure de pois qu'on écrafe entre deux pierres, & que l'on trempe dans l'eau. On leur donne aufli du millet & des cannes de fucre dans la faifon. Leur litière ne fe fait que de leur fiente qu'on broie, après l'avoir fait fécher au foleil. Au-devant de la porte de chaque écurie, on fufpend des nattes qui fe lèvent & fe baiffent felon le befoin, & dont l'effet eft d'empêcher que les chevaux ne foient tourmentés par les mouches; ils ont d'ailleurs chacun un palefrenier, qui ne s'occupe qu'à les éventer.

Parmi les plus beaux édifices de la nouvelle Delhi, on diftingue une mosquée bâtie au centre de la ville. Elle est élevée sur un rocher qu'il a fallu applanir, & est entourée d'une place pratiquée sur la même hauteur, à laquelle aboutissent quatre rues qui répondent aux quatre faces principales de la mosquée. On y arrive par vingt-cinq ou trente degrés qui règnent autour du bâtiment. Les entrées sont magnifiques ; tout y est également de marbre, & les portes sont couvertes de plaques de cuivre, d'un beau travail. Le grand portail est orné de tourelles de marbre blanc, qui lui donne beaucoup de grace. Sur le derrière de la mosquée, s'élèvent trois grands dômes de même marbre, & dont celui du milieu est plus haut que les deux autres. Le reste de l'édifice n'a point de toît, à cause des trop grandes chaleurs ; le pavé est composé de carreaux de marbre. Tout ce temple, si on excepte les tourelles & les dômes, est construit de pierres rouges fort sujettes à s'altérer.

C'est dans ce temple que l'Empereur va faire sa prière tous les vendredis. Ces jours là, on tend au bas des degrés un grand filet, pour empêcher que les éléphans n'en approchent & ne profanent la mosquée. Avant que le prince sorte du palais, on arrose les rues où il doit passer, pour empêcher la poussière, & rafraîchir l'air. Deux ou trois cens de ses gardes se rangent en haie, pour l'attendre; & d'autres en même nombre, bordent les deux côtés d'une grande rue qui aboutit à la mosquée. Des cavaliers, montés sur de beaux chevaux, courent devant lui pour écarter le peuple, & sont toujours fort éloignés, dans la crainte de faire de la poussière. Le monarque est monté sur un éléphant richement équipé, & placé sous un dais magnifique. Quelquefois il est assis dans un trône éclatant d'or & d'azur, posé sur un riche brancard, & porté sur les épaules de huit hommes choisis, & superbement habillés. Une troupe de seigneurs & de courtisans, dont quelques-uns sont à cheval, d'autres en palekis, donne à cette marche un air de grandeur, digne de la majesté royale.

Quand le Grand-Mogol sort de la ville pour prendre l'air, ou pour aller à la chasse, il est accompagné de dix mille hommes précédés de plus de cent éléphans. Ces animaux sont enrichis de superbes couvertures d'écarlate, de velours ou de brocard. Les huit premiers portent chacun un tymbalier; les autres sont montés par deux hommes, dont l'un gouverne l'éléphant, en lui touchant le front avec un crochet de fer; l'autre tient une bannière de soie en broderie d'or & d'argent. Le prince est, ou dans un carrosse traîné par deux bœufs, dont les cornes sont garnies d'or, ou porté par des hommes dans un magnifique palanquin, ou monté fur un beau cheval de Perfe. Ses officiers marchent derrière lui, & ont après eux cinq ou fix cens éléphans, chameaux ou chariots chargés de bagages.

LETTRE CXXXVIII.

De Dehli.

Les revenus annuels de cet empire, Madame, font des plus confidérables; on les fait monter à plus de huit cents millions provenans du feul produit des terres qui appartiennent au fouverain. Il tire des fommes encore plus confidérables, du tribut annuel qu'il exige par tête de tous les Indiens idolâtres; du droit de cinq pour cent, qu'on lève sur toutes les marchandises qui se répandent dans l'Empire, droit dont les seuls mahométans sont affranchis; du blanchissage des toiles; de la ferme des mines de diamans; des impositions établies dans les villes maritimes; de l'héritage des Ministres, des Vice-Rois, des Gouverneurs des villes, des Généraux, des officiers subalternes, & de tous les sujets qui sont à la solde du souverain. On peut évaluer les revenus du Grand-Mogol à seize ou dix-sept cents millions, & regarder ce prince comme le plus riche souverain du monde. Toutes les puissances de l'Asie & de l'Europe s'empreffent à l'envi d envoyer leurs négocians dans ce climat, & d'y faire paffer un argent immenfe qui refte enfeveli dans l'Inde pour n'en jamais fortir. Ce pays tire, à la vérité, des marchandifes des autres royaumes de l'Afie & de l'Europe; mais il ne donne communément en échange que fon indigo, fon coton & fes toiles. Malgré tous ces avantages, la circulation de l'argent eft médiocre dans le Mogol. Chacun théfaurife & cache fes richeffes, dans la crainte qu'elles ne tentent l'avidité des gens en place; de leur côté, les Empereurs entaffent leurs tréfors, & fe plaifent à les enfouir dans des caves fouterraines. C'eft la fource de cette prodigieufe quantité d'or que Thamas-Kouli-Kan trouva dans Dehli, & qui étoit le fruit des épargnes des souverains du Mogol.

Les nombreuses armées que ces princes ne cessent d'entretenir à leur solde en font les plus redoutables potentats des Indes. Je viens de faire connoissance avec les forces & les loix militaires de cette vaste & puissante monarchie. En quelque lieu que soit l'empereur, là, veille toujours une garde de cinquante mille hommes de cavalerie : le nombre des gens à pied est une fois plus considérable. Cette multitude de soldats le suit par-tout, & monte la garde aux environs du palais, tantôt à Delhi, tantôt à Agra, les

P v

deux résidences du Grand-Mogol. Lorsque ce prince abandonne Delhi, son absence y répand la solitude, & à l'exception des rues marchandes, habitées par les Banians, toute la cité est changée en un camp désert. Quand l'Empereur voyage, toute cette armée l'accompagne, & campe autour de sa tente. Le seul terrein que ces troupes occupent est plus spacieux que celui des plus grandes villes de l'Europe. Toute les tentes sont si bien alignées, qu'elles offrent l'image d'une belle ville ; l'on trouve sous sa main tout ce qui est nécessaire, dans les boutiques des vivandiers & des marchands de toute denrée. Au centre s'élèvent les pavillons de l'Empereur : personne n'en peut approcher qu'à la portée du mousquet. Ils forment ensemble un vaste palais au milieu duquel est une cour, où est placé le trône du Souverain sous un dais de brocard. Les tentes de ses principaux officiers sont de différentes formes, & de diverses couleurs ; on en voit d'aussi vastes, & d'aussi bien décorées que les plus grands & les plus riches appartemens.

Le corps le plus considérable des milices qui composent la garde du prince, est celui que l'on appelle les esclaves de l'Empereur. Il est composé de quatre mille hommes ; celui qui est à leur tête est un officier de distinction, à qui l'on confie souvent le commandement des armées. Tous les soldats de cette troupe sont marqués au front. On en tire des officiers subalternes, pour les faire passer à des grades supérieurs, qui équivalent à ceux de nos officiers généraux. Trois autres corps de soldats d'élite, qui portent aussi au front différentes marques, sont les gardes de la masse d'or, de la masse d'argent & de la masse de fer. Leur paie est plus ou moins forte, suivant le métal dont leurs masses portent le nom, & c'est toujours la grandeur de la paie, qui décide de la supériorité des grades. Quiconque a deux mille écus d'appointement par mois, prend le titre d'*Omra*, ce qui équivaut au grade de lieutenant-général en France. Chaque Omra est obligé d'entretenir pour le service militaire, un éléphant & deux cent cinquante cavaliers; mais comme sa paie ne suffiroit point pour cette dépense, attendu que chaque cavalier doit avoir au moins deux chevaux, l'Empereur lui assigne quelque terre de son domaine. Il faut nécessairement avoir servi & s'être distingué dans l'une de ces quatre troupes, pour parvenir aux dignités de l'état; car la naissance, dans ce pays-ci, comme en Perse & en Turquie, ne donne aucun rang. C'est le mérite seul qui dispense les prééminences, & souvent le fils d'un *Omra* est confondu dans les derniers degrés de la milice.

On ne reconnoît d'autre nobleſſe que celle des princes du ſang & de quelques deſcendans de Mahomet, pour leſquels on conſerve encore une ſorte de conſidération.

. Outre les troupes dont je viens de vous parler, l'Empereur entretient, dans les provinces, d'autres corps de cavalerie, dont le nombre vous paroîtra incroyable. On le fait monter à plus de trois cents mille chevaux effectifs, & l'infanterie à ſix cents mille hommes; car au Mogol, elle doit être toujours une fois plus nombreuſe que la cavalerie. Dans les beſoins extraordinaires, outre les troupes que les princes tributaires du Mogol ſont obligés de fournir, chaque

province de l'Empire double &
triple ses recrues. Toute la cavalerie est partagée en plusieurs corps
composés d'un nombre très-inégal
de soldats ; les plus considérables
sont de douze ou de quinze mille
chevaux, commandés par un prince
du sang, ou par quelque grand sei-
gneur du pays. Il y a des compagnies
depuis trois mille jusqu'à trois cens
hommes. La plûpart des chevaux
se tirent de l'Arabie, de la Perse
& sur-tout de la Tartarie. Ceux du
Mogol sont rétifs, ombrageux, &
sans vigueur : les meilleurs sont
choisis pour le service du prince.
Le reste se vend à ceux qui par
leur place sont obligés de remonter
la cavalerie. Les cavaliers sont

armés d'un arc, d'un carquois chargé de flèches, d'un javelot, d'un cimeterre & d'un poignard. Ils portent toujours un petit bouclier pendu à leur cou, & n'ont point d'armes à feu. L'infanterie se sert du mousquet & souvent aussi de l'arc, de la flèche, & d'une pique de dix à douze pieds de long. Elle n'a pas la réputation de valeur dont jouit la cavalerie. Chaque chef fournit des armes & des habits à sa troupe ; ce qui cause beaucoup de bigarrure dans les régimens. La paie du soldat est aussi à la discrétion du capitaine ; d'où il arrive de grandes injustices, que l'avarice des chefs fait commettre. On ferme les yeux sur leurs vexations, parce que les richesses qu'ils accumulent, entrent après leur mort, dans le tréfor du fouverain.

L'artillerie de l'Empereur est nombreuse, ses canons sont très-anciens, & chaque pièce est distinguée par son nom. Le prince a un arsenal particulier, qui est de la plus grande magnificence. Ses javelines, ses sabres, ses arcs, ses carquois y sont rangés dans le plus bel ordre. Tout y brille d'or, de diamans & de pierres précieuses. C'est-là quelquefois que le monarque vient faire sa prière, pour demander au dieu des armées la victoire sur ses ennemis.

LETTRE CXXXIX.

De Lahor.

Avant que de retourner à Agra, Madame, il me prit fantaisie de faire avec la cour, le voyage de Lahor. Il devoit y avoir une chasse générale, à laquelle j'avois fort envie d'assister. L'Empereur voulut s'y trouver en personne ; & rien ne devoit être ni épargné ni négligé, pour donner le plus grand éclat à cette chasse. On voit s'étendre de Lahor jusqu'à Agra, une grande allée tirée au cordeau, & bordée des deux côtés de dattiers, de palmiers & de cocotiers, dont l'ombre met les voyageurs à couvert des ardeurs du foleil. Cette allée dont la longueur eſt de cent lieues, commence aux portes d'Agra, & va aboutir à celles de Lahor. Elle eſt ſi près de Dehli, que je mis fort peu de tems à m'y rendre. Les belles maiſons qu'on y voit de côté & d'autre, les paons, les ſinges, les perroquets & les oiſeaux, qui animent cette promenade, m'amuſoient ſingulièrement.

Le pays des environs de Lahor, eſt un des plus fertiles de cet Empire. La ville eſt ſituée ſur la rivière de Ravi, qui n'eſt pas moins grande que la Loire, & qui auroit beſoin auſſi d'être contenue par une levée ; car elle change ſouvent de lit dans ſes débordemens. La ſituation de

Lahor est avantageuse ; par-tout, ses environs sont décorés des plus beaux jardins, sur-tout du côté de l'eau. Le palais impérial & plusieurs hôtels superbes embellissent l'intérieur de la ville. Le prince vient l'habiter souvent avec toute sa cour; & comme elle est principalement peuplée de mahométans, on y trouve un grand nombre de mosquées & de bains publics, pour leurs purifications ordinaires. Ces bains sont bâtis à la Persanne; & la manière de les prendre & de se faire frotter est à-peu-près la même, & presque aussi douloureuse.

J'ai eu à Lahor le spectacle d'un feu d'artifice à l'Indienne, que je n'avois point encore vu, depuis que j'habitois la contrée ; toutes les fenêtres de la principale place étoient bordées de lampes, devant lesquelles on avoit mis des flaccons de verre, remplis d'eau de plusieurs couleurs, qui produisoient une illumination très-agréable par sa variété. On alluma ensuite le feu qui consistoit en fusées de différentes formes. Quantité d'autres lampes, suspendues à des roues, paroissoient immobiles, quoique ces roues tournassent continuellement & avec la plus grande rapidité A juger des femmes de Lahor, par celles qu'on voit dans les rues ou dans les boutiques, on doit croire que le sexe, en général y est très-beau. Elles sont bien faites de taille, fort menues de corps & les plus-belles brunes des Indes.

La chasse générale dont j'ai parlé, & qui avoit été le motif principal de mon voyage à Lahor, fut fixée au sixième jour après mon arrivée dans cette ville. Le Grand-Veneur, qui avoit pris les devans & s'occupoit, depuis plus d'un mois, des préparatifs nécessaires, fit avertir tous les chasseurs. Il leur marqua l'étendue du terrein qu'ils devoient embrasser, & les envoya en régler les limites ; il commanda ensuite aux chefs des différens corps militaires, qui, comme je l'ai dit, accompagnent l'Empereur, de suivre au plutôt les chasseurs, à la tête de leurs troupes, & d'aller occuper leurs quartiers. Si-tôt qu'ils eurent conduit leurs soldats au rendez-vous, ils les rangèrent en haie, & doublèrent quelquefois les rangs, autour de la vaste enceinte marquée par les capitaines des chasses. Il est défendu, sous peine de la vie, de laisser sortir les bêtes hors du *nerké:* c'est le nom que donnent les Mogols à cette enceinte générale. Elle renfermoit un pays immense, où s'élevoient de grandes forêts, & dont le circuit étoit de quatre cens lieues. Le centre de cette circonférence étoit indiqué dans une plaine où il falloit que tous les animaux se retirassent. Les officiers de la Vénerie dépêchèrent aussi-tôt des couriers au Grand-Véneur, pour lui rendre compte de la difpofition des chofes & lui demander les ordres pour la marche. Celui-ci alla lui même les recevoir de l'Empereur, & enfuite il les donna aux couriers, qui partirent en diligence, pour les porter aux officiers des chaffes: ces derniers les communiquèrent aux chefs des troupes.

Alors les tymbales, les trompettes & les cors fe firent entendre, & fonnèrent la marche de toutes parts. Par-tout elle commença au même inftant, & de la même manière, c'eft-à-dire que les foldats marchoient fort ferrés, & toujours vers le centre, en chaffant continuellement les bêtes devant eux. Derrière les foldats, marchoient les officiers,

officiers, qui les obfervoient; mais quoiqu'ils fuffent armés, comme dans une expédition militaire, il leur étoit défendu, fous de rigoureufes peines, de tuer ou de bleffer aucun animal, quelque violence qu'il pût faire. On leur permettoit feulement de pouffer de grands cris, pour l'effrayer & l'empêcher de forcer l'enceinte. La marche continua fans obftacle, pendant plufieurs femaines; mais une grande rivière, que les troupes du côté de Delhi ne purent paffer à gué, l'interrompit. Il fallut faire halte, & en donner avis aux autres, afin de garder toujours l'égalité de la marche. Cependant ceux qui devoient paffer la rivière, y pouffèrent les bêtes, qui la franchirent à la nage : ils la traversèrent ensuite eux-mêmes, sur de grands cuirs ronds & légers, seriés avec des cordes. Alors la marche ne fut plus interrompue & devint toujours égale.

Le cercle se rétrécissant insensiblement, les bêtes commencèrent à se sentir pressées ; & comme si elles se fussent apperçues qu'on vouloit les forcer, les unes gagnoient les montagnes, les autres se jettoient dans les vallées les plus couvertes. Quelques autres, quittant les routes ordinaires, se cachoient dans les endroits les plus épais de la forêt. Mais bientôt sentant approcher les chasseurs, elles alloient ailleurs chercher une autre retraite. En vain elles s'enfonçoient dans des tannières & des creux de rochers; on ouvroit ces caves, avec toutes fortes d'inftrumens; & tous les animaux jufqu'aux lapins mêmes, étoient forcés de fortir de leurs trous. Enfin diverfes efpèces fe mêlant les unes avec les autres, il y eut des animaux qui devinrent furieux, & qui donnèrent beaucoup d'exercice. Ce ne fut qu'avec une peine extraordinaire, que les cris des foldats & le fon de plufieurs inftrumens les forcèrent à s'écarter. On détacha des troupes de chaffeurs, pour faire déguerpir tout ce qui s'étoit retiré dans les montagnes; ce qui ne fe fit pas fans de grandes fatigues. D'autres troupes defcendoient jusques dans les précipices, qui servoient de retraite à certaines bêtes féroces, qu'on avoit encore plus de peine à mettre en fuite. Pendant ce tems-là, les couriers partoient continuellement de tous les quartiers pour informer l'Empereur des courses, des embarras & des mouvemens des animaux. Ce prince alloit souvent lui-même observer l'état des choses, & voir si les ordres étoient exactement suivis.

Cependant l'espace qui renfermoit un si grand nombre de bêtes de toute espèce, devenant tous les jours plus petit, & ces animaux ne pouvant plus guère s'écarter, ils s'élançoient sur les plus foibles, & les déchiroient. Mais leur furie ne fut pas de longue durée; car comme on les chaſſoit de toutes parts, & qu'ils commençoient à n'avoir plus d'autre terrein que celui où l'on vouloit les voir tous enſemble, le Grand-Veneur fit battre les tambours & les tymbales, & jouer de toutes ſortes d'inſtrumens. Ce bruit mêlé aux cris des chaſſeurs & des ſoldats cauſa une ſi grande frayeur aux animaux, qu'ils en perdirent leur férocité. Les lions & les tigres s'adoucirent & les ſangliers, ſemblables à des agneaux, paroiſſoient abattus & comme conſternés.

Lorſque l'Empereur les vit raſſemblés dans l'eſpace preſcrit, il ordonna qu'on ſe préparât à y entrer Il entra le premier au ſon des inſtrumens, tenant d'une main fon épée nue, un arc de l'autre, & portant fur l'épaule un carquois garni de flêches. Il ouvrit la fcène du carnage, & fit tomber plufieurs animaux. Quelques uns entrèrent en fuite, & firent une vigoureufe réfiftance. Le prince fe retira enfuite fur une éminence, s'affit fur un tiône qu'on lui avoit préparé, & de-là, il obfervoit la force & l'adreffe des feigneurs de fa fuite, qui, encouragés par la préfence de leur maître, attaquoient les bêtes les plus féroces. Après en avoir fait périr un grand nombre de toutes les familles, les plus diftingués d'entr'eux fe préfentèrent devant le trône & prièrent le monarque de laisser la vie & donner la liberté aux autres bêtes qui restoient dans le *nerké*. Il se rendit à leurs instances, & loua le courage de ses troupes qui furent congédiées, & renvoyées à leurs quartiers. En même tems, les animaux que le sabre ou les flêches avoient épargnés, ne se voyant plus ni poursuivis ni environnés, s'échappèrent, en regagnant leurs retraites. Telle fut la chasse qui se fit pendant le séjour de l'Empereur à Lahor, & qui dura plusieurs mois, depuis les premiers préparatifs, jusqu'au retour du Monarque. Outre cette chasse générale, qui a lieu tout au plus une fois l'année, pour occuper les troupes & les tenir toujours en exercice, il y en a de particulières, qui sont réservées à l'Empereur. Ce sont celles des bêtes fauves, qui se trouvent en grand nombre, dans les bois d'Agra, de Delhi & de Lahor, que ce prince fait garder exactement. Celle des lièvres, des cailles & du menu gibier est permise à tout le monde ; on les prend ordinairement aux filets. La chasse des gazelles est une des plus amusantes. Ces animaux vont par petites troupes de cinq ou six femelles, ayant à leur tête un mâle, que l'on distingue à sa couleur. On les prend avec des léopards apprivoisés, qu'on mène enchaînés dans de petites charrettes. On leur attache à la tête une espèce de masque fait en forme de lunettes, qui leur couvre les yeux. Quand on apperçoit une troupe de gazelles, on ôte au léopard son masque & on le délie. Il les guette quelque tems, fait plusieurs feintes & s'approche insensiblement de sa proie. Lorsqu'il est à portée de s'en saisir, il s'élance dessus, & étrangle le gibier. S'il manque son coup, ce qui lui arrive quelquefois, il ne fait aucun mouvement pour le porsuivre, parce que les gazelles courent plus vîte & plus long-tems que lui. On apprivoise aussi des tigres pour la chasse : mais l'usage ordinaire est d'employer des chiens courans, qui sont plus petits que les nôtres.

Les grues se prennent avec des

oiseaux de proie, que l'on dresse pour cet exercice. Elles se défendent avec courage ; mais comme elles n'ont pas l'adresse de se tourner, elles résistent difficilement au nombre & à la force. On use d'un autre artifice, pour attraper les oiseaux de rivière. On vide un canard, qu'on remplit de foin ; un habile nageur le porte entre deux eaux, le mêle insensiblement avec les autres canards qu'il saisit par les pieds & les emporte.

. Mais la chasse la plus curieuse est celle du lion. Lorsqu'on a découvert sa retraite, on attache dans les environs, un âne, que le lion dévore avec avidité ; après quoi il va boire, & revenant à son gîte, où il reste jusqu'au lendemain, on lui présente ainsi successivement plusieurs animaux de la même espèce, à qui l'on a fait avaler beaucoup d'opium, afin que leur chair assoupisse le lion. Lorsqu'il est endormi, les chasseurs tendent des filets autour de sa caverne, & les resserrent par degrés. C'est à l'Empereur qu'est réservé ordinairement la gloire de le faire mourir. Monté sur un éléphant garni de fer, & accompagné de gardes armés de piques, il décoche plusieurs flèches par-dessus les filets, jusqu'à ce qu'il ait blessé à mort l'animal. Comme c'est un heureux augure lorsque le prince tue le lion, c'en est un très-mauvais lorsqu'il le manque : aussi son triomphe eft-il accompagné de grandes acclamations, & fe fait avec beaucoup de cérémonies. On apporte l'animal dans l'affemblée générale des grands de la cour; on l'examine, on le mefure; on écrit dans les archives de l'empire, qu'un tel jour le prince a tué un lion de telle grandeur, de tel poil; & l'on n'oublie aucune des circonftances de ce grand événement.

Fin du onzième Volume des Voyages.

www.ingramcontent.com/pod-product-compliance
Lightning Source LLC
Chambersburg PA
CBHW070808170426
43200CB00007B/855